SPARKNOTES™

다락원 | Spark Publishing

무기여 잘 있거라

A Farewell to Arms

어네스트 헤밍웨이

다락원 | Spark Publishing

SPARKNOTES™ 038

무기여 잘 있거라

펴낸이 정규도
펴낸곳 (주)다락원

초판 1쇄 인쇄 2010년 11월 11일
초판 1쇄 발행 2010년 11월 18일

책임편집 안창열
디자인 정현석
번역 지소철
표지삽화 손창복

다락원 경기도 파주시 교하읍 문발리 509-1
내용문의: (031)955-7272(내선 400)
구입문의: (02)736-2031(내선 112~114)
Fax:(02)732-2037
출판등록 1977년 9월 16일 제300-1977-23호

Copyright © 2010, 다락원

출판사의 허락 없이 이 책의 일부 또는 전부를
무단 복제 · 전재 · 발췌할 수 없습니다.
잘못된 책은 바꿔 드립니다.

값 7,000원

ISBN 978-89-277-1987-8 43740

세계의 교양을 읽는다

고전을 왜 읽는가?

인간의 삶과 세상에 대한 영원한 물음이 있기 때문이다. 시대와 사상을 뛰어넘어 지금 여기 우리에게 필요한 물음이 없는 고전은 더 이상 고전이 아니다. 인간과 삶에 대한 근원적인 물음 없이 고전을 읽는다면 자신과 인간에 대한 성찰과 지혜로 이어지지 않는다. 논술 시험 때문에, 과제물 때문에, 아니면 남들이 읽으니까, 나도 읽는다는 식이라면 그 책은 죽은 책일 수밖에 없다.

고전을 살아 있는 책으로 만드는 이 '물음!'에 답하기 위해서는 좋은 길잡이가 필요하다. 오랜 기간 동안 미국의 고교생과 대학 주니어들이 시험, 에세이 작성, 심층토론 준비를 위해 바이블처럼 애용해온 'SPARKNOTES'와 'CliffsNotes'는 바로 그런 좋은 길잡이의 표본이다.

SPARKNOTES와 CliffsNotes의 가장 큰 장점은 방대하고 난해한 고전을 Chapter별로 요약하고 분석해서 원전의 내용에 보다 쉽고 체계적으로 접근하는 신속·간편성이라고 할 수 있다.

대입논술로 고민하고, 자칭 타칭의 고전이 넘쳐나는 오늘의 독서 풍토에서 지적 정복이 긴박한 대한민국 학생들에게 감히 이 시리즈를 자신있게 권한다.

—以貫之 논술연구모임 연구실장 이호곤

차례

이 책의 구성

SPARKNOTES와 CliffsNotes는 방대하고 난해한 원작을 보다 쉽게 이해할 수 있도록 돕는 안내서입니다. 여기에는 원작 이해를 돕기 위해 매 장마다 '요점 정리(또는 줄거리)'와 '풀어보기'가 실려 있습니다. '요점 정리(또는 줄거리)'에는 원저의 내용을 일목요연하게 정리해 놓아 저자가 전달하려는 내용을 어렵지 않게 파악할 수 있습니다. '풀어보기'에서는 철학서의 경우, 원저에 담긴 저자의 사상이나 관련 철학, 시대 상황, 논점 등을, 문학 작품인 경우에는 원작에 담긴 문학적 경향, 등장인물의 심리상태, 주제 등을 설명해 놓았습니다. 분석적이고 비판적인 글읽기의 바탕이 되는 요소들이죠. 비소설이나 소설을 막론하고 분석적이고 비판적인 글읽기는 독자에게 꼭 필요한 자질입니다.

그밖에도 원저를 좀더 깊이 복습해서 세대로 소회할 수 있도록 돕기 위해 'Study Questions'와 'Review Quiz' 등을 마련해 놓았습니다.

* 〈 〉는 철학서, 장편소설, 중편소설, 수필집, 시집. " "는 단편소설, 논문
* 작품명은 독자의 이해를 돕기 위해 예외적인 경우를 제외하고는 영어식으로 표기함.

간추린 명작 노트

어니스트 헤밍웨이 Ernest Hemingway는 1899년 여름, 미국 일리노이 주의 오크 파크에서 태어났다. 훗날, 그는 중산층에 속했던 부모를 전통적 도덕과 가치관에 얽매인 사람들이었다고 신랄하게 비판했다. 1917년, 고교 졸업 후에는 캔자스 시티에서 기자로 일했고, 제1차 세계대전*이 막바지로 치닫던 1918년 초에는 이탈리아 적십자에 들어가 구급차 운전병으로 복무했다. 그 시절에 겪었던 두 가지 경험은 헤밍웨이의 삶에 커다란 영향을 주었고, 약 10년 후에는 그의 대표작 가운데 하나인 〈무기여 잘 있거라 *A Farewell to Arms*〉를 탄생시켰다. 첫 번째 경험은 1918년 7월 8일, 세 명의 이탈리아 병사들과 함께 참호에 웅크리고 있다가 박격포 포탄에 입은 부상인데, 당시 이야기는 오랜 세월에 걸쳐 윤색되었으나 후송된 밀라노 소재 병원에서 적십자 간호사 아그네스 폰 쿠로프스키와 가졌던 사랑만은 분명한 사실이다. 아그네스가 헤밍웨이의 삶과 글에 미친

---

* **제1차 세계대전**(1914-18): 세르비아의 수도 사라예보를 방문하고 있던 오스트리아 황태자가 세르비아 범슬라브주의 비밀결사 청년에게 암살되자 오스트리아가 세르비아에 선전포고하면서 시작되었다. 프랑스·영국·러시아·미국·이탈리아 등의 연합국과 독일·오스트리아-헝가리 제국·오스만 터키 등의 동맹국이 중심이 되어 싸웠으며, 독일의 항복으로 끝을 맺었다.

영향에 대해서는 학자들 사이에 의견이 분분하지만, 〈무기여 잘 있거라〉의 주인공 헨리 중위와 캐서린 바클리의 관계설정에 밑바탕이 되었다는 점은 거의 의심하지 않는다.

부상에서 회복된 헤밍웨이는 약 3년간 기자로 활동하면서 후대의 작가들이 모방하게 되는 분명하고 간결하면서도 감정을 자극하는 문체를 연마했다. 1921년 9월에는 헤들리 리처드슨과 결혼—네 번의 결혼 가운데 첫 번째—했으며, 이어 토론토 스타 지의 해외통신원으로 파리에 정착했다. 파리에서는 거트루드 스타인*, 에즈라 파운드** 같은 국외이주 작가들과 값진 친분을 쌓았다. 작품 활동의 전환점이 된 단편집 〈우리 시대에 *In Our Time*〉는 헤밍웨이가 가장 좋아하는 주인공 가운데 하나인 닉 애덤스가 어린 시절부터 어른이 되어가는 험난한 여정을 시간의 흐름에 따라 기록하고 있다. 그러나 작가 헤밍웨이의 명성을 가장 확실하게 각인시켜준 작품은 〈태양은 다시 떠오른다 *The Sun Also Rises*〉(1926)와 〈무기여 잘 있거라〉(1929)였다.

비평가들은 전반적으로 〈무기여 잘 있거라〉가 헤밍웨

---

* **거트루드 스타인**(Gertrude Stein, 1874-1946): 미국 시인, 소설가. 제1차 세계대전 전후에 모더니스트로 활약했으며, 사상과 가치관이 형성되기 이전인 20세 전후에 대전에 참전한 세대를 일컫는 'lost generation'이란 말을 최초로 사용했다. 주요 작품은 단편집 〈3인의 생애〉 등.

** **에즈라 파운드**(Ezra Pound, 1885-1972): 미국 시인. 1910년대 영미에서 전개된 반(反)낭만주의 시 운동, 즉 감정을 직접 드러내지 않고 사물의 모양을 한 폭의 그림처럼 제시하는 이미지즘(imagism)을 주창했다. 주요 작품은 〈피산 캔토스 *Pisan Cantos*〉 등.

이의 작품 중에서 가장 완성도가 뛰어나다는 점에 동의한다. 이 작품은 제1차 세계대전과 그 직후의 삶을 강렬하게 묘사하고 있으며, 획기적이면서도 군더더기 없는 산문체로 주인공들의 복잡한 심리를 훌륭하게 서술하고 있다. 게다가 헤밍웨이가 황금기에 집필한 대다수 작품들처럼 글쓰기, 군대 생활, 권투, 투우, 큰 동물 사냥 등 많은 분야에 뛰어난 작가 자신의 신화를 입증하는 일에 보탬이 되었다.

정도의 차이는 조금씩 있어도 이들 각 분야의 대가이자 가부장적이고 남성다웠던 헤밍웨이는 '파파(Papa)'라는 별명을 가질 정도였지만, 대다수 비평가들은 육체적 · 정신적 건강이 쇠약해진 제2차 세계대전 이후로는 그의 필력이 빛을 잃었다고 주장했다. 심한 우울증에도 불구하고 남아 있는 역량을 모두 끌어 모은 그는 〈노인과 바다 *The Old Man and the Sea*〉(1952)로 퓰리처상을 수상했으며, 이어 노벨 문학상까지 받았다. 그러나 이런 영광들조차 일생 동안 계속 악화되어온 우울증을 달래주지는 못했고, 결국 1961년 7월 2일, 아이다호 주 켓첨의 자택에서 자살로 삶을 마감했다.

　　미국인 프레드릭 헨리는 이탈리아 육군의 의무대 수송 장교로 제1차 세계대전에 참전했다. 겨울이 다가오면서 전쟁이 소강상태로 접어들자, 헨리 중위는 휴가를 받아 이탈리아 전역을 여행한다. 이듬해 봄, 전선으로 돌아온 그는 동료 리날디의 소개로 병영 근처 영국 병원에서 근무하는 보조 간호사 캐서린 바클리를 만나게 된다. 그녀에게 먼저 관심을 갖고 있었던 리날디가 헨리의 속내를 읽고 재빨리 발을 빼면서, 캐서린과 헨리는 조심스레 유혹 게임에 빠져든다. 약혼자의 전사로 상심해 있던 캐서린은 사랑의 환상이라도 붙잡으려 들고, 비록 열정이 가식적이긴 해도 그녀는 전쟁으로 인해 완전히 초연하고 무감각해진 헨리에게 감정적 교감을 원하는 욕망을 일깨워준다.

　　전장에서 다리를 다친 헨리는 밀라노의 병원으로 후송된다. 그를 진찰한 여러 명의 의사들이 6개월 후에 무릎을 수술하는 쪽이 좋겠다고 권했지만, 그토록 오랫동안 병상에 있어야 한다는 사실을 받아들일 수 없던 헨리는 외과의사 발렌티니를 찾아내 즉시 수술 약속을 받아낸다. 캐서린이 밀라노로 전근되고, 헨리는 그녀의 보살핌을 받게 되면서 그들의 사랑은 이제 더 이상 공허한 약속과 장난기 어린 키스를 주고받는 게임이 아니라, 강렬해지고 실제가 된다. 진실한 감정과 밖으로 표현된 감정 사이의 구분이 모호해지기 시작하며 서로에 대한 사랑에 빠져드는 것.

헨리가 완쾌되자 군에서는 3주일간 요양 휴가를 허락한다. 헨리는 캐서린에게 여행을 제안하고, 그녀는 임신 사실을 알린다. 다음날, 헨리가 황달 진단을 받자, 수간호사 밴 캠펜 양은 과음으로 병을 자초했다면서 군복무를 회피하기 위한 수작이라며 휴가를 취소시킨다. 헨리는 황달 증세가 호전되자 즉시 전선으로 보내진다. 헨리와 캐서린은 헤어지면서 변치 않는 사랑을 약속한다.

헨리가 전선에 복귀한다. 이탈리아군은 매일 적에게 밀리며 병력을 잃고 있었다. 얼마 지나지 않아 포격이 시작되고 독일군이 방어선을 돌파했다는 소식이 전해지자, 연합군은 퇴각을 준비한다. 대규모 퇴각 행렬에 합류한 헨리 휘하의 구급차들은 공병대 하사관 두 명과 겁에 질려 있는 자매를 태워준다. 헨리 일행은 시간을 절약하기 위해 대오를 벗어나 다른 길을 택하지만, 구급차 한 대가 진흙에 빠져 움직이지 않는다. 헨리는 공병대 하사관들에게 차를 밀라고 명령했으나 불복하고 달아나자 총격을 가해 한 명은 사살하고 한 명은 놓친다. 이어 다른 차량을 타고 다시 퇴각을 서둘렀으나 그 차량도 얼마 못가 진흙에 빠진다. 자매를 보내준 후, 우디네를 향해 걷기 시작한 헨리 일행 가운데 운전병 하나가 겁에 질린 이탈리아군 후위병들이 쏜 총에 맞아 죽는다. 다른 한 명은 적에게 투항하기 위해 도망가고, 헨리와 나머지 운전병 한 명만이 농가로 숨어든다. 다음날 아침, 다시 퇴각 행렬에 합류하지만 엄청난 혼란이 벌어지고 있었다. 이탈리아군의 패배에 분노한 젊은 장병들이 퇴각 행렬에서 장교들을 끌어내 즉결처형을 하고 있었던 것. 헌병에 붙잡혀 끌려나온 헨리는 결정적 순간에 강물로 뛰어들어 한참을 헤엄친 끝에 밀라노행 기차에 몸을 싣고는 '나'의 전쟁 임무는 끝났다며 캐서린에게 돌아가는 꿈을 꾼다.

북부의 소도시 스트레사에서 캐서린과 재회한 헨리는 체포의 손길을 피해 작은 배를 빌려 밤새 노를 저어 중립국 스위스로 탈출한다. 아름다운 알프스의 몽트뢰에 무사히 당도한 그들은 영원히 전쟁을 잊기로 약속한다. 가끔 헨리는 전우들을 저버렸다는 죄책감에 빠지기도 하지만, 두 사람은 아름답고 평화롭게 지내다 봄이 오고 출산일이 다가오자 병원이 가까운 로잔으로 거처를 옮긴다.

어느 날 이른 아침, 진통이 시작되고 고통스러운 시간이 흐른다. 사내아이를 사산한 캐서린은 늦은 밤 세상을 떠난다. 슬픔에 겨워 작별인사조차 건넬 수 없는 헨리는 거리로 나와 비를 맞으며 호텔로 돌아간다.

● **프레드릭 헨리 중위** Lieutenant Frederic Henry | 소설의 화자이자 주인공. 이탈리아군의 의무대 수송장교로 제1차 세계대전에 참전한 미국 청년. 전투에서는 용기를 보이지만, 단지 이기적인 동기에 의해 행동할 뿐 영광과 영웅주의 같은 추상적인 개념은 배격하고 차분하고 냉정하게 임무를 받아들인다. 캐서린 바클리를 만나기 전까지는 삶에 대한 열정이 없다.

● **캐서린 바클리** Catherine Barkley | 헨리와 사랑에 빠지는 영국인 보조 간호사. 매우 아름답고, 어쩌면 문학 전체를 통틀어 가장 육감적으로 묘사된 머리카락을 지닌 여주인공이다. 약혼자의 죽음으로 침통해 있다가 장난삼아 무분별하게 유혹 게임에 성급히 뛰어들지만 이내 헨리에 대한 감정이 강렬해지면서 평생 사랑을 맹세한다. 헨리와의 사이에서 생긴 아이를 사산한 후에 세상을 떠난다.

● **리날디** Rinaldi | 이탈리아군 군의관. 헨리와 절친하고 의술이 뛰어나지만, 장난기 많고 아름다운 여자들을 꾀는 솜씨도 뛰어나다. 헨리가 후송되었다가 귀대하자 유쾌한 분

위기를 연출하려고 노력한다.

● **신부(神父)** The Priest | 친절하고 마음씨 고운 젊은 종군신부. 종교에 관심을 보이는 군인들에게 영적인 안내자의 역할을 하며 종종 장교들이 던지는 짓궂은 농담의 표적이 되면서도 언제나 선의로 이해하고 받아준다. 전쟁에 대한 헨리와의 대화를 통해 영광, 명예, 신성(神聖) 같은 추상적 이상들에 대해 의문을 제기하는 인물.

● **헬렌 퍼거슨** Helen Ferguson | 미국 병원에서 일하는 보조 간호사이자, 캐서린의 좋은 친구. 소설 초반부에는 캐서린을 찾아온 헨리와 리날디를 우호적으로 대하지만, 이후 헨리와 캐서린의 ‘비도덕적’인 관계에 대해 신경질적인 반감을 표출한다. 친구의 안전에 대해 병적으로 염려하고, 자신의 외로움을 걱정하는 불행한 여인.

● **게이지 양** Miss Gage | 밀라노의 미국 병원에서 헨리의 회복을 돕는 미국인 간호사. 느긋하고 우호적인 성격을 지녔으며, 헨리와 친해져 술도 함께 마시고 이야기도 나누는 관계가 된다.

● **밴 캠펜 양** Miss Van Campen | 캐서린이 근무하는 미

국 병원의 수간호사. 완고하고 냉정하며 성마른 성격의 소유자. 헨리를 못마땅하게 여기면서 계속 냉랭한 관계를 유지한다.

● **발렌티니 박사** Dr. Valentini | 이탈리아 외과의사. 헨리가 다리 수술을 받으려면 6개월을 기다려야 한다는 미국 병원측 의견을 반박하고, 바로 그 다음날 수술하는 것에 동의함으로써 헨리(그리고 이 소설)가 추앙하는 자기확신과 자신감을 발휘한다.

● **그레피 백작** Count Greffi | 94세의 원기 왕성한 귀족. 헨리의 특성이 좀더 성숙된 모습이자, 헤밍웨이가 생각하는 이상적 남성성을 대표하는 인물. 마음먹은 대로 인생을 살며 다른 사람의 말을 듣기보다는 스스로 생각하는 체질이다. 스스로는 '현명하다'는 평을 인정하지 않지만, 헨리는 그의 생각을 높이 평가하며 일종의 아버지상(像)을 발견한다.

● **에토레 모레티** Ettore Moretti | 샌프란시스코 출신의 미국인이며 이탈리아군을 위해 싸우지만 헨리와는 달리 허풍이 심하다. 사소한 일에도 발끈하고, 훈장을 받기 위해 대단한 노력을 했다고 떠벌린다. 헨리가 멀리하려는 영광과 명예를 신봉하고 추구하는 인물.

● **지노** Gino | 폐허가 된 마을에서 헨리가 만나게 되는 젊은 이탈리아인. 조국은 신성한 땅이며, 따라서 어떤 희생을 치르더라도 지켜야 한다는 충성심은 전쟁을 대하는 헨리의 태도와 확연히 대비된다.

● **랠프 시몬스** Ralph Simmons | 재능은 뛰어난 것 같지 않지만 오페라를 공부하는 학생. 전장에서 탈출한 헨리가 맨 처음 만나러 가는 인물이다. 헨리가 의심받지 않고 스위스로 여행할 수 있도록 민간인 옷을 내주는 관대한 친구로 그려진다.

● **에밀리오** Emilio | 스트레사에서 일하는 바텐더. 헨리가 다음날 아침에 체포될 것이란 정보를 알려주면서 서둘러 스위스로 피할 수 있도록 배를 빌려준다.

● **보넬로** Bonello | 헨리 휘하의 구급차 운전병. 헨리의 총에 맞아 쓰러진 공병 하사관의 머리에 총을 쏘는 잔인함을 보여준다.

프레드릭 헨리

전쟁 경험을 묘사하는 부분에서 자신을 의무감으로 행동하는 사람이라고 표현한다. 어떤 명예를 얻으려는 생각도 없고 군복무에 대한 찬사도 기대하지 않는다. 심지어 심한 부상을 입은 후에도 무공훈장을 추천하겠다는 리날디를 만류한다. 신부, 에토레 모레티, 지노와의 대화를 통해 여러 차례 자기는 믿음, 명예, 애국심 같은 추상적인 개념과는 거리가 멀다고 밝힌다. 다시 말해, 그 개념들은 그가 싸웠던 도시들의 이름과 폐허가 된 거리들의 번호 같은 구체적인 사실들과 달리 그에게 아무런 의미가 없다는 것.

이처럼 냉정한 심리적 배경을 고려할 때, 캐서린 바클리에게 보이는 반응은 다소 놀랍다. 독자들은 그가 왜 캐서린이 제안한 게임에 반응을 보였는지, 잘 알지도 못하는 여자에게 왜 사랑을 맹세했는지 알고 있다. 리날디처럼 단순히 하룻밤의 쾌락을 원한 것이다. 그러나 그것만으로는 왜 다시 캐서린을 찾아가는지, 캐서린이 게임을 그만두라고 말한 이후에도 왜 계속 사랑한다고 말하는지 설명이 되지 않는다. 캐서린을 좋아하는 모습에서 평소에는 냉정함과 남성다움으로 가려져 있던 취약성이 드러나고, 캐서린의 머릿

결과 잠자리에서의 모습을 묘사하는 언어에서는 캐서린에 대한 감정의 진정한 깊이가 증명된다. 게다가 헤밍웨이는 1인칭 관점을 사용해 헨리에게 내레이터 역할을 맡김으로써 소설 전체를 애가(哀歌)로서의 힘과 비애감으로 가득 채우고 있다. 캐서린이 죽은 이후에 헨리의 말을 통해서는 그의 사랑과 상실감을 확인할 수 있다.

캐서린 바클리

헤밍웨이가 여주인공을 묘사하는 방식에 대해 많은 비평이 씌어졌다. 페미니즘 비평의 출현과 더불어 그 같은 묘사에 대한 독자들의 불만이 더욱 고조되었는데, 레슬리 피들러(Leslie A. Fiedler) 같은 비평가들은 그 여인들은 두 가지 부류 중 하나에 속하는 경향이 있다고 주장했다. 첫 번째 부류는 〈태양은 다시 떠오른다〉의 여주인공 브레트 부인(Lady Brett)처럼 지나치게 잘나고 성마른 성격의 여성이고, 두 번째 부류는 〈무기여 잘 있거라〉의 캐서린 바클리처럼 너무 순종적이고 여성스런 인물이다. 피들러의 주장에 따르면, 헤밍웨이는 남자만을 다루는 일에는 능숙해도 일단 여자가 등장하면 단순한 전형으로 되돌아간다. 〈무기여 잘 있거라〉는 그 같은 해석이 옳다는 점을 뒷받침한다. 캐서린이 가정에 행복하게 순응하는 모습을 쉽게 찾아볼 수 있는 것. 특히 오늘날 독자들은 소설 후반부에서 "저는 아기를 갖게 될 거고, 그러면 아무 일을 하지 않아도 만족해요"와 같은 문장을 접하면 짜증스러울 것이다. 여성의 역할이 주로 살림과 자녀 양육에 치중된 지나간 시대의 가치관을 반영하고 있기 때문이다.

그러나 행복한 삶을 누리려는 과도한 욕망으로 인해 캐서린이 때때로 실제보다 더 전형적 인물로 부각된다 해도, 그녀의 성격이 지닌 미묘한 특징까지 부인하는 것은 온당치 않다. 비록 그녀가 헨리와 처음 사귀기 시작한 시기를 약간 '미쳐' 있던 때로 언급하더라도 처음에는 그들이 정교한 유혹 게임을 펼치고 있었다는 사실을 온전히 인식하고 있는 것 같다. 사랑을 선언하는 헨리의 말에 완전히 넋을 잃지 않고 오히려 오늘은 그만 돌아가 달라거나 그들 사이에 싹트기 시작한 사랑은 거짓이란 점을 상기시킴으로써 명확히 선을 긋는 것. 사실 캐서린의 저항은 헨리의 그것보다 훨씬 더 오래 지속된다. 심지어 헨리가 둘이 함께하는 삶은 멋질 것이라고 강조한 후에도, 캐서린은 뭔가 끔찍한 일이 그들에게 닥칠 것임을 확신하며 아무도 사랑해 보지 않았기에 아이를 갖는 게 두렵다면서 가끔씩 의구심을 표한다. 독자들은 그녀의 생각보다는 말을 근거로 왜 그녀가 평소에는 헌신적이면서도 가끔 자기답지 않은 말을 하는지 판단해야 한다. 예를 들어, 그녀가 끔찍한 일들을 예감하는 것은 단순히 전쟁으로 찢겨진 세상에 대한 전체적인 경고

이거나, 전사한 약혼자가 아닌 다른 남자를 사랑하게 되었다는 죄책감의 발로일 수도 있다. 캐서린의 갈등이 얼마나 심각한지에 대해서는 논란의 여지가 있지만, 헨리에 대한 충절이 확실하고 사랑이 넘치는 헌신적인 여인이며, 구원적이고 내세적인 사랑을 갈구하고 이룰 수 있는 자질로 인해 비극의 필연적인 희생자가 된다.

리날디

〈무기여 잘 있거라〉에서 중요한 기능을 하며, 대다수 헤밍웨이 작품들이 좋든 나쁘든 찬양하는 힘차고 유능하며 온화한 남성성을 구현하는 조연들 중에서 단연 돋보이는 인물이다. 소설 초반부에 캐서린을 사랑한다고 공언했다가 곧바로 헨리와 달리 자기는 여자의 사랑 뒤에 꼬리표처럼 따라붙는 복잡한 감정의 '보따리'를 책임지지 않아도 되기 때문에 다행이라고 말하는 바람둥이. 유곽을 자주 드나들던 리날디의 행동을 잘 알고 있는 헨리는 나중에 친구가 어쩌면 매독에 걸렸을지 모른다고 상상한다. 유쾌하지 않은 결론이지만, 이 같은 헨리의 생각은 도덕적 비난보다는 편견 없는 추측의 분위기로 제시된다. 다시 말해, 그것은 한 남자의 잘못된 행동에 대한 벌이라기보다는 남자답게 호방하고 용감하며 자신에게 충실히 행동한 결과라는 것이다.

주제, 모티프, 상징

| 주제 |

문학 작품에서 전체 내용을 관통하는 근본적이고 포괄적인 생각.

전쟁이라는 냉혹한 현실

제목에서 명확히 드러나듯 전쟁과 관계가 깊은 이 작품은 주인공 프레드릭 헨리가 전쟁으로부터 벗어나는 과정을 그리고 있다. 등장인물들 가운데 전쟁을 지지하는 에토레 모레티와 지노 등은 각각 따분한 허풍선이와 철없는 젊은이로 그려지고, 대다수 나머지 인물들은 전쟁에 의해 야기되는 끔찍한 파괴를 증오하고 전쟁이 가져다줄 수도 있다는 영광을 의심하는 양면적 입장을 취한다.

이 작품은 전쟁의 무감각한 잔인성과 폭력적 무질서를 훌륭하게 묘사하는데, 특히 이탈리아군의 퇴각 장면은 미국 문학에서 전쟁의 참상을 가장 깊이 있게 일깨워주는 명장면 중 하나로 기억된다. 질서정연했던 행렬이 흐트러지기 시작하자 병사들의 사기, 정신상태, 이성적 사고력과 도덕적 판단력도 무너지기 시작한다. 헨리는 동승한 공병 하사관에게 진흙에 빠진 트럭을 끌어내는 작업을 도우라고 명령했으나 불복하고 달아나자 총격을 가하는데, 이 장면은 두 가지 이유에서 독자들을 충격에 빠뜨린다. 첫째, 이처럼 난폭한 감정 폭발은 평소 냉정하고 초연한 헨리의 성격과는 어울리지 않는 것 같다. 둘째, 그 사건은 도덕적 의미가 결여된 상황에서 발생한다. 즉 헨리 휘하의 운전병들이 동조하면서 그 살인이 정당화되는 것. 그 공병의 살해는 전쟁이 낳는 끔찍한 폭력과 무질서의 필연적인 부산물이기 때문에 정당화되는 듯하다.

그럼에도 불구하고 이 소설이 전쟁을 규탄한다고 말할 수는 없다. 즉 평화주의를 부르짖는 소설이 아니라, 무고한 공병 하사관의 죽음이 전쟁의 필연적 결과이듯 전쟁도 잔인하고 몰상식한 이 세상의 필연적 산물이라는 것이다. 헤밍웨이는 전쟁이란 진정한 사랑을 인정하고 보호한다거나 간직하기를 거부하는 이 세상의 암울하고 살인적인 연장일 뿐이라고 주장하는 것이다.

사랑과 고통의 관계

헤밍웨이는 전쟁을 배경으로 사랑의 본질에 대해 깊이 있고 애잔한 생각을 전하고 있다. 캐서린은 전사한 약혼자의 상중(喪中)이라고 헨리에게 밝히자마자 헨리를 유혹하는 게임을 시작한다. 그녀가 이렇게 행동하는 이유는 분명하다. 상실의 고통으로부터 멀어지고 싶은 것이다. 헨리 역시 전쟁 이야기로부터 가능한 멀리 벗어나려고 생각한다.

헨리와 캐서린은 서로에게서 자신들을 괴롭히는 상황으로부터 벗어날 수 있는 일시적인 위안을 발견한다. 그러나 서로에 대한 감정은 기분을 전환시키려는 오락거리에서 순식간에 그들을 지탱하는 연료가 된다. 헨리가 캐서린에 대한 사랑이 얼마나 의미심장한지 이해하게 되면서 명예 같은 공허한 추상적인 이상들에 대한 생각은 왜소해지며, 따라서 전쟁으로부터 달아나 그녀를 갈구할 수 있게 된다. 재결합한 그들은 전쟁 때문에 입은 상처의 치료제로 작용할 것 같은 목가적 삶을 계획한다. 참상이 빚어지는 이탈리아의 시골로부터 멀리 떨어진 곳에서 서로의 피난처가 되려고 하는 것이다. 만약 그들이 육체적·정서적·심리적 치유를 원한다면, 스위스 산간 마을로 안전하게 숨어들면서 완벽한 장소를 찾은 것이 된다. 이 소설의 비극은 그들의 사랑이 심지어 참되고 진지할 때조차 이 세상에서는 결코 일시적인 것 이상이 될 수 없다는 사실이다.

| 모티프 |

작품의 대표적인 주제들과 관련하여 전체에 통일감을 주는 것으로, 되풀이되는 구조나 대비, 또는 문학적 장치, 등.

남성다움

헤밍웨이 작품의 독자라면 거만하고, 지극히 유능하며,

남성다움을 내세우는 특정한 부류의 사내들이 그려지고 찬양된다는 일관된 특징을 재빨리 발견할 것이다. 이 작품에도 그 같은 성향을 지닌 조연들이 여럿 등장한다. 리날디는 의리 있는 친구이며 여자에 지나치게 탐닉하는 바람둥이다. 발렌티니 박사는 리날디에 필적할 만한 사내다움뿐만 아니라 최고의 외과의사에게 요구되는 대범한 자신감도 내보인다. 헨리가 명령에 불복하고 도주하는 공병 하사관에게 권총을 발사하는 장면에서는 보넬로가 쓰러져 있는 그 하사관의 머리에 대고 총을 쏘아 상황을 마무리한다.

이런 인물들에 대한 헤밍웨이의 존경은 최저점에서조차 경멸이 아닌 유머에 의해 두드러지는데, 비슷한 상황에 처한 상대적인 인물들에게는 경멸감을 표한다. 이런 사내들은 각자 부분적으로는 다른 사내들의 부족함을 등에 업고 빛을 발한다. 리날디는 신부의 욕정 결여를 공격하면서 성적인 자신감을 확보한다. 외과의사 발렌티니 박사의 명성은 이전에 등장한 겁이 많고, 지나치게 조심스럽고, 허약한 다른 세 명의 의사들에 의해 부각된다. 그리고 보넬로의 무자비함은 공병 하사관의 배신행위 때문에 촉발된다.

게임과 오락

헨리와 캐서린은 개인적인 문제들을 잊기 위해 서로를 유혹한다. 헨리는 브리지 게임에 비유하는 유혹을 통해

'전쟁을 내려놓을' 수 있고, 캐서린은 약혼자의 죽음에 대한 생각에서 벗어날 수 있다. 마찬가지로, 두 사람은 경마를 즐기면서 다시 전선으로 돌아가야 한다는 생각과 임박한 이별에 대한 생각을 떨칠 수 있다. 얄궂게도 그들의 관계는 헨리가 벗어나야 할 고통의 원인이 된다. 헨리는 캐서린과 떨어져 있는 것이 견딜 수 없게 되고, 그레피 백작과 당구를 치는 동안에는 잠시 그녀를 잊어도 가장 좋은 오락거리는 전쟁 자체라는 것이 판명된다. 캐서린이 '떨어져 있을 때 제 생각을 하지 말라'고 말하자, "전선에서는 그랬지. 허나 그때는 뭔가 할일이 있었거든"이라고 답하는 것. 전쟁이 치명적인 위협에서 오락거리로, 그리고 사랑이 위안에서 고통으로 변하는 것은 케서린에 대한 헨리의 애착뿐만 아니라 행복의 허망한 본질도 상징한다. 이처럼 덧없는 행복에서 비애감이 발산된다. 행복은 일시적이더라도 행복 추구는 여전히 필요하기 때문이다. 아마도 행복의 한계를 이해한다면, 인생에서 사랑을 가장 소중하게 여기면서도 행동에 옮길 만큼 현명하지는 않다는 백작의 말을 이해할 수 있을지 모른다. 그는 게임, 생일 파티, 그리고 '약간의 자극제'를 통해 기쁨과 위안을 발견하면서 사랑의 허망한 본질에 대처한다. 단순한 쾌락에 의지할 수 있다는 것은 게임과 오락에도 어떤 품위를 부여한다는 뜻이다. 사랑 같은 고귀한 목적과는 견줄 수 없겠지만, 게임과 오락은 조용히 지속된다.

충성 vs. 유기(遺棄)

충성과 유기의 개념은 사랑과 전쟁에 똑같이 적용된다. 그러나 이 소설은 충성이 원대한 정치적 명분과 교전국들 사이의 추상적인 철학보다는 사랑과 우정에서 더욱 요구된다고 암시한다. 헨리는 장교로서의 임무를 진지하게 수행하면서도 전장에서 병사들의 피를 들끓게 한다고 누구나 으레 상상하는 숭고한 목표들을 지지하지는 않는다. 에토레 모레티나 지노와 달리, 명예에 대한 약속과 애국적인 의무들은 헨리에게 거의 아무런 의미가 없다. 헨리가 비록 명령에 불복한 공병대 하사관에게 총격을 가하지만, 그 폭력성은 군율을 집행하려는 의식적인 결정이라기보다는 파괴적인 전쟁의 불가피한 결과로 해석해야 한다. 실제로 병역과 책무들을 유기함으로써 결국 그 공병 하사관의 전철을 밟고, 이따금 그 행적을 돌이키며 죄책감을 느끼면서도 충성이 가장 중요한 곳, 즉 캐서린과의 관계에서 가상 충싱스럽다는 점을 인식하면서 위안을 삼는다. 그러나 이들 상충되는 충성이 양립할 수 없다는 점은 충성과 유기가 도덕의 범위에서 반대쪽 극단에 놓여 있다는 의미가 아니라, 오히려 특정 개인의 삶에서 차지하는 우선순위를 반영한다.

착각과 환상

캐서린과 헨리는 만나자마자 심리적 위안을 얻으려는

사랑과 유혹의 환상에 의지한다. 캐서린은 약혼자의 죽음 때문에 위안을 추구하는 반면, 헨리는 전쟁 생각에서 멀어지기 위해 무슨 일이든 하려고 드는 것. 처음에 그들의 사랑 선언은 명쾌하다. 캐서린은 헨리에게 그들의 연애가 게임이란 것을 여러 번 상기시켰고, 만족할 만큼 즐긴 뒤에는 그를 돌려보낸다. 그러나 헨리가 부상당한 이후에는 캐서린을 향한 욕망과 그녀가 제공하는 편안함과 보살핌은 세상의 불쾌한 경험에서 벗어나는 것 이상의 의미가 된다. 즉 사랑이 그를 떠받치기 시작하고 부인할 수 없는 어떤 실체로 발전한 것이다. 헨리에 대한 캐서린의 감정도 비슷한 과정을 거친다.

두 사람은 열정의 순수한 본질을 확증하는 방식들로 행동하지만, 결코 더 나은 세상을 꿈꾸는 유혹을 피하지는 않는다. 다시 말해, 현실과 환상 사이의 경계를 구분하기 힘들어진 것이다. 헨리와 캐서린이 스위스의 외딴 마을에서 수개월을 보낸 후, 헤밍웨이는 그들의 관계를 현실과 환상이 뒤섞인 모습으로 그린다. 권태가 자리 잡기 시작했으며, 연인들은 삶과 열정에 다시 활기를 불어넣기 위해 사소한 일상의 변화들을 가져온다. 캐서린은 미장원에서 머리를 자르고, 헨리는 턱수염을 기르는 것. (끝나지 않은 전쟁은 물론) 실제 삶이 여전히 상대적으로 무료하거나, 어쩌면 상대적으로 무료할지 모르기 때문에 그들은 좀더 완벽한 존재라는 환상에 의지하는 것이다. 그들이 옷도 직접 지어 입고, 상대방 이외에는 아무것도 필요치 않은 스위스 산 속에서의 삶을 꿈꾼다는 것은 환상이 진부하고 때로는 파괴적인 효력을 지닌 현실에 대처하는 방편이란 암시다.

| 상징 |

추상적인 관념이나 개념을 표현하기 위해 사용하는 사물, 기호, 인물, 색, 등.

비

삶 속에서 행복의 필연적인 붕괴를 강렬하게 암시한다. 헨리와 함께 침대에 누워 있던 캐서린은 비바람이 몰아치는 날씨에 어떤 의미를 부여한다. 지붕에 떨어지는 빗소리를 들으며 비가 무섭다면서, 연인들의 일을 망쳐놓는 경향이 있다고 말하는 것. 물론, 기성 현상이 그런 힘을 갖고 있다는 것은 아니지만, 상징적인 면에서 그 두려움은 그들에게 닥칠 운명을 정확히 예견했다. 캐서린이 죽은 후, 헨리가 병원을 나와 빗속을 걸어가는데, 여기서의 비는 캐서린의 우려를 입증하고, 소설의 주된 논점 중 하나를 확인해 준다. 아무리 위대한 사랑이라도 이 세상의 다른 것들처럼 좋든 나쁘든, 순결하든 가치가 있든, 결코 영원할 수는 없다는 것이다.

캐서린의 머리카락

　소설 속에서 반복적으로 나타나지는 않지만, 매우 중요한 상징이다. 관계가 시작되고 아무 갈등이 없던 시절, 침대에서 캐서린이 머리카락을 풀어 헨리의 얼굴을 감싸듯 늘어뜨리자 헨리는 텐트 속이나 폭포수 뒤에 들어와 있는 듯한 느낌을 받는다. 이 사랑스러운 장면은 그들이 세상으로부터 격리되었다는 것을 상징한다. 주위에서는 전쟁이 격렬해지지만, 두 사람은 머리카락처럼 부드러운 무언가에 의해 보호받고 있다고 믿으면서 더 없이 행복하게 세상으로부터 격리되어 있는 것. 그러나 나중에 실제로 전쟁의 소용돌이를 벗어나 스위스에서 평화롭게 지낼 때는 사랑은 잔인한 삶의 실체 앞에서는 머리카락만큼이나 연약하고 덧없는 것이란 모진 교훈을 깨닫는다.

Chapter별 정리 노트

Chapters 1-5

Chapter 1

헨리 중위는 현재 거처하고 있는 작은 이탈리아 마을의 정경을 묘사한다. 제1차 세계대전이 한창이던 어느 해 여름, 가까운 전선으로 향하는 도로를 따라 행군하는 병사들의 모습이 자주 눈에 띈다. 장교들은 '작은 회색 군용차'를 타고 빠르게 지나간다. 헨리는 유난히 빨리 달리는 차량을 보게 되면, 국왕이 타고 있다고 추측했다. 국왕은 거의 매일 전선을 시찰했으나 전황은 아주 좋지 않았다.

겨울로 접어들자 비가 자주 내리고 콜레라가 창궐하면서 7천여 명의 군인이 죽는다.

Chapter 2

해가 바뀌면서 여러 차례 승리를 거두었다. 헨리의 소속부대는 전선에서 좀더 멀리 떨어진 고리치아로 이동한다. 산 너머에서는 여전히 전투가 계속되고 있다. 고리치아에서의 생활은 비교적 유쾌하다. 오스트리아군은 전쟁이 끝나면 돌아올 작정으로 전략적인 포격만 조금씩 가했기 때문에 건물들도 그다지 심하게 파괴되지 않았고, 멋진 카페들과 두 곳의 위안소—장교용과 사병용—도 있었다.

눈이 내리기 시작한 초겨울 어느 날, 헨리는 다른 장교들과 부대 식당에 앉아 있었다. 장교들은 눈 때문에 금년 전투는 끝났다고 장담하고, 식사가 끝난 후에도 종군신부를 조롱하며 음담패설을 늘어놓는다. 어떤 대위가 신부에게 한 번도 여자들과 '놀아본' 적이 없다고 놀려대자, 마음씨 좋은 신부는 농담으로 받아들이고 얼굴을 붉히며 고개를 저을 뿐이었다. 소령이 헨리에게 휴가를 가라면서 아말피를 추천하고, '내가 그곳에 있는 우리 가족에게 편지를 쓰면 아들처럼 대해 줄 것'이라고 덧붙인다. 신부도 '우리 가족'이 살고 있는 아브루치 지역을 추천하지만, 다른 장교들은 제각각 팔레르모, 카프리, 로마, 나폴리, 시실리 등을 권한다. 이어 대화의 소재는 오페라 가수들로 바뀌고, 장교들은 위안소로 몰려간다.

Chapter 3

귀대한 헨리가 룸메이트인 외과군의관 리날디 중위에게 휴가에 대해 이야기한다. 이탈리아 전역을 여행했다는 헨리의 말에 리날디는 '예쁜 아가씨들'은 이곳에도 있다면서, 오후에 함께 시내로 나가 확인해 보라고 부추기고, 아름다운 영국 간호사들이 전선에 배치되었는데 그 중에서 캐서린 바클리와 사랑에 빠졌으며 결혼할지도 모른다고 덧붙인다. 헨리는 간단히 몸을 씻었다. 침대에 누워 있던 리날디는 헨리에게 50리라를 빌린다. 그녀에게 부유한 남자 같은 인상을 주고 싶다는 것.

그날 저녁식사 자리에서 신부는 헨리가 아브루치에 가지 않았다는 것을 알고 서운해한다. 신부의 편지를 받은 가족들이 헨리를 기다리다 실망했을 것이기 때문이다. 죄책감을 느낀 헨리가 그곳에 가고 싶었으나 혹한과 도로사정 등, 상황이 여의치 않았다고 해명하자, 신부가 마음을 푼다. 식사가 끝나갈 무렵 장교들은 또다시 '신부님은 여자가 없어 행복하지 않을 것'이라는 둥, '아군이 공격하지 않기를 바란다'는 둥의 말을 던지며 신부를 괴롭힌다.

Chapter 4

다음날 아침, 포격 소리에 잠을 깬 헨리는 차고로 가서 구급차를 손보는 정비병들과 간단히 대화를 나누고 구급차들을 돌아보았다. 그날 오후에는 구급차들을 세워둘 산 속의 주둔지를 둘러보고 방으로 돌아오자, 리날디가 바클리 양을 만나러 가자고 제안한다.

영국군 병원을 찾은 헨리는 입구에서 만난 캐서린과

인사를 나누자마자 미모에 반하는데, 특히 긴 금발에 마음이 끌린다. 리날디는 다른 간호사 헬렌 퍼거슨과 대화하며 시간을 보낸다. '장난감 말채찍'처럼 생긴 막대기를 들고 있는 캐서린에게 헨리가 무엇이냐고 묻자, 어린 시절부터 함께 자란 약혼자의 유품이라며 작년 솜므 강 전투에서 전사했다고 밝힌다. 캐서린은 헨리에게 사랑해 본 적이 있느냐고 묻고, 헨리는 없다고 대답한다.

숙소로 돌아오는 길에 리날디는 "바클린 양이 나보다 자네를 더 좋아하는 게 확실하다"며 "혹시 그녀를 좋아하느냐"고 묻는다. 헨리는 '아니다'고 정색한다.

Chapter 5

이튿날 오후, 헨리는 캐서린을 찾아간다. 수간호사는 미국인이 이탈리아의 전쟁에 자원했다는 사실에 놀라움을 표하고, 바클리 양은 근무중이기 때문에 저녁 7시까지는 방문객을 만날 수 없다면서 '이탈리아 사람은 데려오지 말라'고 덧붙인다. 헨리는 참호를 따라 차를 몰면서 도로를 점검했다. 그 도로가 완성되면 오스트리아군에 대한 공세가 가능해질 것이다.

서둘러 저녁식사를 마친 헨리가 찾아가자, 헬렌 퍼거슨과 함께 정원에 나와 있던 캐서린이 미소로 맞이했다. 잠시 후 헬렌은 '편지를 써야 한다'며 자리를 떴다. 캐서린의 직

업에 관해 이야기하던 그들은 대화 소재에서 가능한 한 '전쟁은 빼기로' 합의한다. 헨리는 그녀가 손을 잡아도 가만히 있자 키스하려다 뺨을 맞고 흠칫한다. '쉬운 여자 취급을 받는 것이 싫었다'며 사과하고 키스를 허락한 캐서린은 '우린 낯선 삶을 살게 될 것'이라며 울기 시작한다. 숙소로 돌아온 헨리에게 리날디는 '기분이 좋아 보인다'며 놀린다.

많은 비평가들은 헤밍웨이가 20세기 미국 소설의 진로 변화에 가장 많은 영향을 미친 작가라고 주장한다. 헤밍웨이가 선호한 매우 객관적이고 간결한 산문체에 대해 1920년대와 1930년대 독자들은 당시 고급 문학의 표준이었던 바로크와 빅토리아 문학의 영향을 받은 문체에서 벗어나 지나치게 실험적이라고 생각했다. 주인공 프레드릭 헨리가 전선에 배치된 자신의 상황을 묘사하는 짤막한 1장은 미국 문학에서 가장 유명한 서사문 가운데 하나다. 여기서 헤밍웨이는 감정을 개입시키지 않은 거의 신문기사식이면서도 감성을 자극하는 산문체를 구사하고 있다.

"나무줄기도 먼지를 수북이 덮어썼고 그해에는 잎이 일찍 졌고 병사들이 도로를 따라 행군하면서 먼지가 일어났으며 나뭇

잎들은…"

　이처럼 상대적으로 간결하지만 매우 정확하고 상세한 묘사를 통해 전선에 위치한 작은 이탈리아 마을의 정경을 포착하고 있다.

　헤밍웨이는 투우와 글쓰기의 기술을 고찰한 소설 〈오후의 죽음 *Death in the Afternoon*〉에서 "빙산 이론(Iceberg theory)"을 주장한다.

　만약 어떤 산문작가가 쓰고 있는 것에 대해 충분히 알고 있다면 알고 있는 것들은 생략할 수 있으며, 만약 그 작가가 정말로 진실하게 글을 쓰고 있다면 독자들은 마치 그 사물들에 대해 작가가 언급했던 것처럼 강렬한 느낌을 받게 될 것이다. 빙산의 움직임에서 위엄이 느껴지는 이유는 그것의 8분의 1만 물 위에 떠 있기 때문이다.

　헤밍웨이의 이상에 충실하게 나무, 잎, 먼지 나는 도로 등을 묘사한 위의 글에서 독자들은 단순히 헨리의 주변 환경 이상의 그 무엇을 느끼게 된다. 비가(悲歌)처럼 애잔하고 반복적인 헨리 중위의 언어는 앞으로 겪게 될 엄청난 상실을 암시하는 것.

　일단 헨리가 고리치아에 대한 이야기를 시작하면 몇몇

주요 인물과 주제에 대해 알 수 있다. 리날디는 활기 넘치고 장난기 많은 인물이며, 헨리는 영광에 대한 갈망이나 명분에 대한 굳은 신념도 없이 입대했기 때문에 전쟁으로 인해 육체적·정신적·도덕적으로 지쳐 있다. 헨리만 그런 것은 아니다. 캐서린도 헨리를 처음 만났을 때는 긴장하고 무기력하지만, 이내 마음을 연다. 잘 알지 못하는 남자에게 성급하게 애착을 갖는 이상한 행동에는 약혼자의 죽음에 대해 느끼는 슬픔이 숨겨져 있다.

이 작품의 두 가지 주요 주제는 사랑과 전쟁이다. 잔인하게 묘사되는 전쟁은 헨리의 세계에 존재하는 모든 사람들의 마음을 가득 채우고 있으며, 마치 만성 두통처럼 그들을 괴롭힌다. 콜레라의 창궐로 7천여 명의 군인들이 목숨을 잃는 참담한 상황이 사소하게 여겨질 만큼 전쟁은 이 책의 중심에 위치하며 절망과 슬픔의 감정을 자극한다. 헨리와 캐서린의 최초 대화에서 드러나듯, 모든 사람들이 감정을 마비시키는 전쟁의 영향으로부터 벗어나는 해독제를 찾으려고 몸부림친다. 뭐든지 전쟁 이외에 다른 생각을 하려 들고 다른 감정을 느끼려고 하는 것. 따라서 두려움, 고통, 슬픔을 극복하는 수단으로서의 사랑에 앞뒤 가리지 않고 뛰어든다. 리날디는 만나는 여자마다 사랑하는 척하고, 캐서린과 헨리는 만나자마자 유혹 게임을 통해 서로를 사랑하고 원하는 시늉을 한다.

Chapters 6-9

Chapter 6

‘주둔지’에서 이틀을 보내고 캐서린을 찾아간 헨리는 그녀가 무심하다고 투정을 부리며 ‘사랑하느냐’고 묻자, ‘물론’이라고 대답한다. 그녀는 ‘이제부터는 캐서린으로 불러 달라’고 말하고, 헨리를 얼마나 사랑하는지, 지난 며칠 동안 얼마나 애타게 기다렸는지 덧붙인다. 그러나 헨리는 그녀의 ‘머리가 약간 이상한 것 같다’고 생각하면서도 개의치 않고 키스를 한다. 그때까지는 그녀를 사랑하지 않았고 그런 생각을 품은 적도 없었기 때문에 지금 마치 브리지 같은 복잡한 게임을 즐기고 있을 뿐인 것. 그러나 놀랍게도 캐서린은 서로를 속이고 있다는 것을 인정하고, “우리가 하고 있는 이거, 타락한 게임 아닌가요?”라며 ‘저는 미치지 않았고, 가끔 딴 짓을 하고 싶을 뿐’이라고 말했다. 그들은 더 이상 게임을 하고 있지 않으면서도 헨리는 키스해 달라고 조른다. 키스를 하던 캐서린은 갑자기 떨어지더니 그만 돌아가라고 말하고 건물로 들어간다. 헨리는 그녀의 뒷모습이 아름답다고 생각한다.

리날디는 헨리가 달떠 있는 것을 눈치 채고 '나는' 영국 간호사와 얽히지 않아 참 다행이라고 말한다.

Chapter 7

이튿날 오후, 주둔지에서 돌아오는 길에 부상병들 서류를 받기 위해 임시수용소 앞에 차를 세운 헨리는 전진하는 병력을 바라보고 있었다. 그런데 행렬 맨 뒤에서 힘겹게 절룩거리며 따라가던 병사 하나가 주저앉는다. 헨리가 차에서 내려 무슨 일인지 묻자, 탈장 때문이라고 답한다. 헨리는 그 병사를 부축해 옆자리에 앉혔다. 그 병사는 실은 탈장이 심해지면 최전선으로 보내지 않을 것이란 생각에 고의로 탈장대(脫腸帶)를 풀어버렸다고 고백하고, 소속부대 장교들이 이런 수작에는 훤하다며 다른 곳으로 보내달라고 간청한다. 헨리는 땅바닥에 머리를 찧으면 돌아오는 길에 병원으로 데려가겠다고 말하고 그를 내려놓는다.

얼마 후, 헨리가 부상병들의 후송을 마치고 서둘러 돌아왔으나 그 병사는 다른 병사들의 부축을 받고 마차에 오르면서 헨리에게 고개를 가로저었다. 병사의 이마에서는 피가 흘렀고, 머리카락은 흙투성이였다.

헨리는 이틀 후에 개시될 공세에 대해 생각했다. 해가

기울면서 날씨가 서늘해졌다. 헨리는 캐서린과 함께 밀라노에서 비싼 포도주를 마시며 뜨거운 밤을 보냈으면 좋겠다고 상상한다.

저녁식사 때, 장교들은 술을 마시면서 신부를 놀린다. 헨리는 그들과 어울리기 위해 할 수 없이 술을 마셨다. 리날디는 취한 헨리가 정신을 차리도록 볶은 커피콩을 먹이고, 영국 병원까지 데려다준다.

병원 응접실로 들어가 캐서린을 기다리고 있는 헨리 앞에 헬렌 퍼거슨이 나타나 몸이 좀 불편해 '만날 수 없다'는 캐서린의 말을 전한다. 헨리는 갑자기 '외롭고 허전한' 기분에 휩싸인다.

Chapter 8

다음날, 헨리는 밤에 공세가 예정되어 있다는 소식을 듣는다. 네 대의 부상병 수송차를 이끌고 전선으로 향하는 길에 헨리는 운전병에게 차를 세우게 하고 급히 병원으로 들어가 캐서린을 만난다. '작전'을 위해 출동하고 있으며 내일 돌아온다는 헨리의 말에 캐서린은 안전하게 보호해 줄 것이라며 성 안토니 메달을 건넨다.

헨리가 합류하자 차량 행렬은 전투가 벌어질 파블라를 향해 움직인다.

Chapter 9

파블라에 도착하자 도로변에 대포가 은폐된 참호들이 보이고, 멀리 언덕 위로 오스트리아군의 관측용 기구가 불길하게 매달려 있다. 소령이 헨리와 운전병들을 맞이하고, 참호로 배치한다. 운전병들은 다양한 계급의 군인들에 대해 험담을 늘어놓고, 종전(終戰)에 대해 갑론을박하며 헨리를 이야기에 끌어들인다. 헨리는 만약 이탈리아군이 전투를 중단한다면 훨씬 불리한 상황에 처하게 될 것이라고 주장하지만, 구급차 운전병 파시니는 더 이상 불리해지지 않을 것이고 전쟁보다 더 나쁜 것은 존재하지 않는다면서, 어느 한쪽이 먼저 전투를 중단해야 한다고 반박한다.

운전병들이 배가 고프다는 소리에 헨리와 고르디니가 알아보겠다며 응급치료소 본부로 갔을 때, 포격이 시작되고 포탄이 여기저기서 터졌다.

식은 마카로니와 치즈 한 덩어리를 구한 헨리와 고르디니가 위험을 무릅쓰고 동료들이 있는 참호로 달려와 그것을 나눠 먹을 때, '용광로의 문이 활짝 열릴 때처럼 섬광이 번쩍'하며 폭음이 들렸다. 숨을 쉴 수 없게 된 헨리는 '이제 죽는구나' 하고 생각한다. 조명탄이 터지면서 신호탄이 올라가는 광경이 보였으며, 기관총 소리와 포탄 터지는 소리가 들렸다. 두 다리가 으스러진 파시니는 어머니를 부르다 죽고, 고르디니는 부상을 입었다. 경미하게 부상당한 마네라와 구부치는 부상병들을 싣고 떠났다. 응급치료소로 옮겨진 헨리는 다리에서 포탄 파편을 제거한 후, 영국군 병원으로 후송된다.

6-9장에서는 전쟁에 대한 헨리의 생각이 점점 분명하게 드러난다. 이탈리아군—캐서린과 여타의 영국 출신 간호사들도 그다지 진지하게 여기지 않는 군대—에 배속되어 싸우는 미국인 헨리 중위는 삶의 다른 모든 것에 대한 느낌만큼이나 전쟁은 '나와 아무 관계도 없다'고 주장하고, 전쟁에 대해 진지한 의무감을 느끼지도 않는다. 탈장을 악화시켜 군복무를 피하려는 병사에게 헨리가 취하는 행동을 보면, 명령권을 지닌 장교에게서 기대할 만한 태도가 전혀 아니다. 그 사병의 이기적이고 무책임한 자세를 질책하고 벌을 주기는커녕, 병역회피 방편으로 자해(自害)를 권해 적게나마 이탈리아군의 전력 약화를 초래하기 때문.

헨리가 구급차 운전병들을 대하는 방식에서는 전쟁에 초연한 태도가 더욱 확실히 나타난다. 운전병들은 헨리의 존재에도 아랑곳없이 다른 군인들에 대해 험담을 늘어놓고, 이탈리아군이 전쟁에서 손을 떼야 한다는 신념을 '다른 장교들의 귀에는 들어가지 않도록' 거리낌 없이 표출한다. 헨리는 이탈리아군을 두둔하고 패배보다는 전쟁을 옹호하면서도 병사들의 불손한 생각에 화를 내기보다는 차분하고 철학적인 입장에서 생각을 피력할 뿐이다.

헨리가 하찮은 치즈 한 덩어리를 위해 위험을 무릅쓰는 장면도 주목할 만하다. 파스타에 얹어 먹기 위해 치즈를 구하러 다니는 장면은 고귀한 목적을 성취하려고 엄청난 고난에 맞서 싸우는 주인공의 위엄을 완전히 뒤집는 우스꽝스럽고 애처로운 모습이다. 이 장면은 운전병들이 모여 앉아 '전쟁은 승리로 이길 수 있는 것이 아니다'고 주장하는 장면 직후에 이어지면서 영광과 명예 같은 낭만적 이상들에 대해 던져진 의구심을 증폭시키는 효과가 있다.

특히 이 대목에서 헨리가 구급차 운전병들을 다루는 모습을 보면, 감정을 드러내지 않는 유형의 인간이란 것이 밝혀진다. 운전병들이 승리와 패배를 논할 때 대꾸하는 모습은 열정적이기보다는 학구적인 인상을 주며, 이탈리아인들이 열정적으로 논쟁을 벌이는 상실과 두려움, 분노의 느낌에 대해 무관심하고, 심지어 자신의 생사 문제에 대해서도 초연해 보인다. 따라서 헨리가 캐서린을 계속 떠올리면서 점점 더 마음이 끌리는 모습은 다소 의아스럽다. 전선으로 떠나기 전날 밤, 그녀를 찾아가야겠다는 생각이 전쟁에 대한 상념을 비집고 들어와 몰래 캐서린과 호텔에 머물며 그녀가 자기를 죽은 약혼자로 대하는 모습을 상상한다.

"밀라노에서의 그 무더운 밤, 우린 카프리주를 마실 것이고, 방문은 잠겨 있고 더워 시트만 한 장 덮은 채 서로를 사랑하며 밤을 지새울 것이다."

그때까지도 캐서린에 대한 애착은 건성이었으나 점점 게임 너머로까지 확장되는 감정을 느끼기 시작하고 있다. 캐서린이 몸이 아파 만날 수 없다는 말을 퍼거슨에게서 듣고 느끼게 되는 허전한 감정은 헨리 자신에게도 놀라운 것이며, 평소에는 냉담한 그가 수용할 수 있는 감정, 헌신, 애착의 깊이를 암시한다.

Chapters 10-13

Chapter 10

헨리는 극심한 고통을 느끼며 덥고 파리가 들끓는 야전병원에 누워 있다. 병실을 찾은 리날디가 전투에서의 영웅적인 행동으로 훈장을 받게 될 것이라며 자초지종을 들려달라고 말하자, 헨리는 훈장 받을 만한 일은 하지 않았다며 만류한다. 고집을 꺾지 않는 리날디는 가져와 마시던 코냑 병을 침대 밑에 두고, 곧 캐서린을 데려다줄 테니 '달콤한 사랑'을 나누라는 말을 남긴 채 돌아간다.

Chapter 11

해질녘에 병실을 찾은 신부는 부대 식당에 가면 헨리가 보고 싶어진다면서 모기장, 베르무트(백포도주) 한 병, 영국 신문 등의 위문품을 건네고, 헨리는 고마움을 표하며 포도주를 권한다. 헨리가 전쟁이 끔찍이 싫다고 말하자, 신부는 이 세상에는 전쟁을 좋아하는 사람들과 그렇지 않은 사람들, 두 부류가 있다는 이론을 내세운다. 헨리가 "첫 번째 부류의 사람들이 (다른 부류의 사람들에게) 전쟁을 하도록 만들고… 나는 그들을 돕고 있다"고 한탄하며 전쟁의 종식을 바라는 것이 부질없는 희망처럼 생각된다고 말하자, 신부는 아니라면서도 '나도' 이따금 희망을 잃는다고 시인한다.

대화의 주제가 하느님으로 넘어간다. 신부는 평소 다른 장교들이 조롱하는 자신의 믿음을 옹호하고, 하느님을 사랑하는 사람은 우둔한 사람이 아니라고 항변한다. 헨리는 하느님을 사랑한다고 말할 수는 없어도 가끔은 두려워한다고 시인한다. 신부는 헨리에게 사랑할 능력이 있다면서, 위안소를 찾는 것과 다른 인간에게 '나를' 완전히 바치는 것을 구분하고 결국에는 진정으로 사랑하면 반드시 행복을 느낄 것이라고 힘주어 말하지만, 헨리는 여전히 회의적이다. 신부가 작별인사를 남기고 떠나자, 헨리는 잠을 청한다.

Chapter 12

군의관들은 헨리를 신속하게 밀라노로 후송시키지 못해 안달이다. 가능하면 빨리 부상병들을 치료하거나 후송하려고 드는 이유는 공세가 시작되면 병상이 동날 것이기 때문이다. 헨리가 후송되기 전날 밤, 병실을 찾은 리날디와 소령은 미국이 막 독일에 대해 선전포고를 했기 때문에 기대감에 들떠 있었다. 리날디가 "윌슨 대통령이 오스트리아에도 선전포고를 할 것 같으냐"고 묻자, 헨리는 '며칠 후'라고 대답한다. 술에 취한 그들은 전쟁과 밀라노에서의 생활에 대해 이야기를 나눈다. 리날디는 캐서린이 밀라노의 병원에서 근무하게 될 것이란 소식을 전한다.

이튿날 아침, 기차를 타고 밀라노로 향하던 헨리는 술을 너무 많이 마셔 바닥에 구토를 한다.

Chapter 13

이틀 뒤, 밀라노에 도착한 헨리는 미국 병원으로 이송된다. 두 명의 들것 운반병들의 서투른 솜씨 때문에 극심한 통증을 느끼며 병원 안으로 옮겨진 헨리에게 간호사 워커 여사가 서류를 보더니 이탈리아어도 읽을 줄 모르고 의사의 지시 없이는 병실도 내줄 수 없다면서 울기 시작한다. 헨리는 그 운반병들에게 병실로 데려가 달라고 부탁하고, 침대에 누워 잠이 들었다.

이튿날 아침, 헨리의 체온을 재고 돌아간 젊고 아름다운 간호사 게이지 양이 잠시 후에 워커 여사와 함께 들어와 헨리가 누워 있는 상태로 능숙하게 시트를 갈아주었다. 오후에는 수간호사 캠펜 양이 병실에 나타나는데, 그녀와 헨리는 첫눈에 서로 맞지 않는다는 감을 느꼈다. 헨리가 식사와 함께 포도주를 요구하자, 캠펜 양은 의사의 허락이 없으면 술은 절대 안 된다고 버틴다. 나중에 헨리는 수위를 시켜 포도주 서너 병과 석간신문을 사오게 한다. 헨리가 잠자리에 들려고 할 때, 캠펜 양이 게이지 양 편에 화해의 뜻으로 백포도주를 약간 넣은 에그노그(eggnog) 한 컵을 보낸다. 게이지 양은 이 병원에서 '막중한 일을 하는 나이 지긋한' 캠펜 양에게 잘 보여 해로울 것이 없다고 충고한다.

헨리가 부상을 대수롭지 않게 여기는 모습은 또 다시 초연함을 보여준다. 부상 자체에 전혀 절망하지 않을 뿐만 아니라 그 부상으로 인해 명예를 얻게 되리라는 리날디의 언질에 대해서도 무관심한 것. 그러나 그 같은 초연함에도 불구하고 리날디와의 잡담에서는 남자들이 서로에게 어떻게 행동하고, 서로를 어떻게 위하는지에 대한 교감적인 인상이 더욱 두드러진다. 조국에 대한 충성은 어느 정도 자발적인 반면—결국 어느 누구도 이 전쟁에서 싸우기를 원하지 않으니까—친구들에게는 당연히 무조건적인 의리를 보여야 한다는 생각들을 갖고 있는 것이다. 이 같은 기대감은 이전에 장교들이 성적인 무용담이 없다며 신부를 놀릴 때 일부 설명된 남성의 행동규범에 추가된다. 의리, 힘, 역경을 딛고 일어서는 회복력, 건강한 성적 욕구 등은 이 소설에서 찬미하는 전통적인 남성다움의 항목들인 것이다.

훈장에 대한 헨리의 무관심에 비춰볼 때, 헤밍웨이의 헨리와 또 다른 헨리—스티븐 크레인(Stephen Crane. 1871-1900)의 〈붉은 무공훈장 *The Red Badge of Courage*〉(1895)에 등장하는 지나칠 정도로 정열적이며 명예를 좇는 주인공 헨리 플레밍(Henry Fleming)—사이의 연관성(논란의 여지는 있지만)에 주목해 보는 것도 흥미롭다. 헤밍웨이는 이 작품에 대단한 찬사를 보내며 〈전쟁하는 남자들: 전무후무한 최고의 전쟁소설 *Men at War: The Best War Stories of All Time*〉(1942)에도 포함시켰는데, 미국의 남북전쟁을 다룬 이 걸작의 후반부에 이르면 플레밍의 자아도취는 성숙하면서도 온화한 존엄성으로 승화된다. 혹자는 세상과 자신에 대해 초연한 프레드릭 헨리가 이처럼 새롭게 변모한 침착하면서도 존경할 만한 헨리 플레밍에게서 탄생한 인물이라고 강력히 주장할 수도 있다.

끊임없이 '예쁜 아가씨들'에 대해 이야기하고 위안소를 뻔질나게 드나드는 리날디는 남성의 과도한 성욕을 대표하는 인물이다. 그러나 헨리와의 대화에서 신부가 암시하듯, 섹스는 남자를 충족시키기에는 부족하다. 헨리에게 사랑하는 사람이 없다고 믿는 신부는 헨리가 이의를 제기하자 창녀들에 대한 욕정과 진실하고 심오한 사랑은 다르다고 선을 긋는다. 신부의 견해에 따르면, 사랑이란 남자에게 자신을 아낌없이 바쳐 상대방을 위해 희생하고 싶게 만든다. 헨리는 아직 확신하지 못하지만, 캐서린을 그리워하는 마음이 점차 강해지는 것을 보면 신부의 말처럼 열정적이고 의미 있는 관계를 반드시 경험할 것 같다.

등장인물들은 전쟁으로 황폐해진 세상에서 끊임없이 위안을 찾고 있는데, 가장 흔하고 단순한 위안거리는 포도주와 독주다. 헨리도 자신의 치료에 꼭 필요한 일부라고 여길 만큼 술에 의존한다. 따라서 캠펜 양이 식사와 함께 와인을 달라는 그의 청을 거절하자, 곧바로 다른 사람을 시켜 술을 몰래 들여오는 것이다. 이 같은 부류의 탈출은 전쟁을 점점 더 어리석고 부조리하다고 느끼는 독자라면 이해할 수 있을 것 같다.

헨리가 훈장과 명예를 대수롭지 않게 여기듯, 이 소설은 전쟁이 그처럼 고매하고 낭만적인 영예를 받을 만큼 적절한 장(場)인지 의문을 던지고, 헨리가 선장에서 목숨을 걸고 추구했던 터무니없는 목표—파스타에 얹어 먹을 치즈를 구하는 것—가 입증하듯 전쟁과 영광 사이의 전통적인 연관성들을 단절시켜버린다. 마찬가지로 헨리가 밀라노의 병원에 도착할 때도 서투른 들것 운반병들은 그의 몸무게를 감당하지 못해 쩔쩔매고, 무능한 간호사는 이탈리아어 서류를 들여다보며 그저 울기만 하는 우스꽝스럽고 애처로운 장면이 펼쳐진다.

Chapters 14-17

Chapter 14

아침, 게이지 양이 옷장에서 거의 바닥난 베르무트 술 병을 꺼내 '이걸 껴안고 자더라'며 헨리에게 보여준다. 헨리는 처벌을 받을지 몰라 흠칫하지만, 정작 그녀는 왜 함께 마시자고 청하지 않았느냐고 말하다가 문득 생각난 듯 '당신의 바클리 양'이 왔다면서 '제 마음엔 안 드는 여자'라고 덧붙인다. 헨리는 곧 바클리를 좋아하게 될 것이라고 힘주어 말하고, 이발사를 불러달라고 부탁한다.

잠시 후 들어온 50대 이발사는 면도를 시작한다. 헨리가 시내 상황을 묻자, 퉁명스럽게 '도처에 적군의 귀가 있기 때문에 아무 말도 않겠다'고 답하고 팁도 거부한 채 병실을 나간다. 잠시 후 들어온 병원 수위는 이발사가 헨리를 오스트리아군으로 착각하고 면도칼로 목을 그을 작정을 했다더라며 큰소리로 웃는다.

잠시 후, 복도에서 발자국 소리가 들리더니 캐서린이

병실로 들어와 침대 옆에 선다. 그녀를 보는 순간 그토록 아름다운 여인은 본 적이 없다는 생각이 들면서 사랑을 느낀 헨리는 그녀를 침대로 이끌고, 두 사람은 처음으로 사랑을 나눈다.

Chapter 15

오후에 도착한 군의관은 '전쟁 때문에 정서가 불안해 보이는 깡마르고 왜소하며 과묵한' 인물이었다. 헨리의 다리에서 파편을 몇 개 제거한 그는 헨리를 큰 병원으로 보내 X-레이를 찍게 했다. 이후 회진을 나온 세 명의 군의관이 X-레이를 보며 6개월 후에나 다리 수술이 가능할 것 같다고 결론짓자, 헨리는 '차라리 다리를 잘라내는 게 낫겠다'고 농담한다. 군의관들이 돌아가자 헨리는 담당 군의관을 불러 '6개월을 기다릴 수는 없다'면서, 다른 외과 군의관을 주선해 달라고 부탁한다.

두 시간쯤 뒤, 발렌티니 박사가 헨리의 병실을 방문한다. 계급이 소령인 박사는 X-레이를 보더니 '깨끗이 고쳐주겠다'며 '내일 아침'에 수술할 테니 위장을 비워두라고 말한 뒤 돌아간다.

Chapter 16

“자, 됐네요. 이제 당신은 겉과 속이 모두 깨끗해졌어요. 말해 보세요. 이제껏 몇 명이나 사랑했었나요?”

“아무도 사랑하지 않았어.”

캐서린은 헨리의 병실에서 밤을 보내며 함께 침대에 누워 창문으로 밤하늘을 바라본다. 탐조등 불빛이 이따금 천장을 비춘다. 헨리는 함께 있는 모습이 들키지 않을지 염려스럽지만, 캐서린은 모두들 자고 있으니 괜찮다며 안심시킨다.

날이 밝았다. 헨리가 공원에 나가 아침식사를 할 수 있다면 좋겠다고 말하자, 캐서린은 박사가 오기 전에 수술 준비를 마쳐야 한다고 대꾸한다. 헨리는 캐서린에게 침대로 오라고 보채지만, 그녀는 마취가 되면 속에 있는 말도 내뱉는 경향이 있으니 ‘딴 생각’을 하라고 경고하고, 아마 그날 밤 수술을 마치고 돌아오면 정신이 몽롱해 ‘나를 원하지 않을 것’이라면서 이제까지 ‘나’ 이외에 몇 명의 여자들과 잠자리를 했는지 묻는다. 헨리가 없었다고 대답하자, 그녀는 거짓말인 줄 알면서도 ‘이제 당신은 내 것’이라며 기뻐한다.

Chapter 17

수술 이후에 아주 고통스러워했던 헨리가 회복되는 동안, 병원에는 새로운 환자들이 들어왔다. 말라리아에 걸린

조지아 출신 청년, 말라리아와 황달에 걸린 뉴욕 출신 청년, 그리고 포탄 뇌관을 기념품으로 챙기려다 다친 청년이다.

캐서린은 바쁜 와중에도 야근을 많이 자청했기 때문에 간호사들 사이에 호감을 샀다. 캐서린과 주고받는 쪽지를 전달해 주는 헬렌 퍼거슨에게 점차 고마움을 느끼던 헨리가 그들의 결혼식에 참석해 달라고 청하자, 헬렌은 '두 사람은 결혼하지 못할 것 같다'고 말하다가 '잘 되기를 바란다'면서 캐서린이 너무 지쳐 있으니 2, 3일 야근을 하지 않도록 말해 달라고 덧붙인다. 헨리는 캐서린의 야근 문제를 게이지 양에게 솔직히 이야기한다.

사흘 동안 쉬었던 캐서린이 다시 야근에 투입되자, 두 사람은 열정적인 재회를 갖는다.

초반부에 장교들이 종군신부에게 보이는 반응을 통해 이 소설이 강인하고 사내다운 행동에 호의적이란 점을 알 수 있는데, 제2부(13-24장)에 등장하는 많은 주변 인물들도 이 같은 정서를 보강한다. 헤밍웨이는 헨리의 담당 군의관을 '전쟁 때문에 정서가 불안해 보이는 깡마르고 왜소하며 과묵한 사내'로 묘사하고 있다. 헨리 역시 전쟁을 혐오하는 정도는 아니더라도 심리적으로 불안정하지만, 동료들에게 상담이 필요한 그 군의관 같은 남자들과는 구별되는 능력과 자신감을 유지하고 있다. 그 군의관은 술을 많이 마시고 성적 욕구를 노골적으로 드러내는 사교적이면서도 유능한 발렌티니 박사와 대조적이다. 발렌티니의 등장으로 이 소설이 찬미하는 특정 부류의 남성다움, 즉 전쟁터, 침대, 혹은 수술실에 있든, 술과 여자에 대한 사랑과 무모한 대담함에 의해 지탱되는 형제 같은 유대감이 더욱 부각된다.

헨리가 캐서린과의 열정적인 관계에 대범하게 뛰어드는 모습은 이상적인 남성상에 부합한다. 병실로 들어서는 캐서린의 아름다움에 반해 "내 안의 모든 것이 뒤집혔다"란 한 문장으로 사랑을 단언하는 것.

16장에서 헨리와 캐서린이 나누는 대화는 매우 강렬한 인상을 주는 동시에 함축적인 의미도 담고 있다. 상대방이 누구를 사랑했는지, 누구와 잠자리를 했는지 묻고 답하는 동안 게임과 진정한 열정 사이에 그어진 선이 희미해지기 시작하는데, 헤밍웨이는 간결하면서도 지나치게 단순한 몇 줄의 대화를 통해 연인의 숨겨진 감정을 암시하려는 것이다. 헨리와 캐서린은 모두 그들이 말하거나 말할 수 있는 것 이상의 감정을 느끼고 있다. 슬픔, 두려움, 그리고 적대적인 세상으로부터 보호받고자 하는 간절한 욕망이 그들을 묶어주는 힘이지만, 이 고백들은 그런 감정들을 넘어서기 때문에 오히려 놀랍도록 덤덤하다.

"당신 체온은 정말 사랑스러워요."

"당신은 모든 게 사랑스러워."

"아, 정말. 당신 체온은 정말 아름다워요. 전 당신의 체온이 무지무지 자랑스러워요."

독자들은 이 대화가 연인들이 흔히 말하는 방식을 우스꽝스럽고 제멋대로 모방한 것이라고 생각할지 모르지만, 헤밍웨이는 여기에 복잡한 심리적 동기를 부여함으로써 단순히 달콤한 감상에 치우치지 않도록 처리하고 있다. 그들은 이처럼 유치한 애정 표현을 통해 전쟁으로 찢겨진 그들의 세계로부터 잠시나마 벗어날 수 있고, 그 대화의 경박함과 진부함 속에는 전쟁의 공포로부터 탈출하려는 욕망이 투영되어 있다.

흥미롭게도 헤밍웨이의 함축적인 문체는 혁신적일 뿐만 아니라 매우 실용적인 목적도 충족시킨다. 1929년, 당시 미국 사회가 용인하는 품위 기준에 따르면 좀더 노골적인 내용의 〈무기여 잘 있거라〉는 활자화될 수 없었다. 따라서 헨리와 캐서린이 첫 번째 관계를 맺는 장면을 암시만 하고 나머지는 독자들이 행간을 읽고 이해하도록 만들면서 도덕적으로 엄격한 독자들을 위해 노골적인 묘사를 자제했음에도 불구하고 결국 외설 시비에 휘말렸다. 예를 들어, '불알(balls)' 같은 단어가 보스턴 사람들이 상스럽다고 아우성치는 바람에 삭제된 것이다.

Chapters 18-21

Chapter 18

그 해 여름, 헨리는 목발을 짚고 걸을 수 있게 되자, 캐서린과 이곳저곳을 다니며 행복한 시간을 보낸다. 그들은 '그랑 이탈리아' 식당의 급사장과 돈을 빌릴 만큼 가까운 친구가 되었으며, 캐서린은 헨리와 계속 밤을 함께 보냈다. 이처럼 그들은 마치 부부처럼 지냈으나 한편으로 헨리는 결혼하지 않은 상태를 즐기고 있었다. 캐서린이 '결혼하면 본국으로 송환될지도 모른다'며 '지금도 사실상 결혼한 것이나 마찬가지'라면서 결혼은 중요하지 않다고 말하자, 헨리는 '언제든 당신이 원하는 날에 결혼하겠다'며 한 발짝 물러선다. 캐서린은 '우리에게 온갖 끔찍한 일들이 닥칠 것'이라고 확신하면서도 부정(不貞)은 절대 없을 것이라며, '영원히 변치 말고 행복하게 살자'고 덧붙인다.

Chapter 19

여름이 가고, 거의 완치된 헨리는 재활치료와 다양한 사람들을 만나며 보내는데, 경마를 즐기는 마이어스 부부와도 어울린다.

어느 날, 상점에 들어가 캐서린에게 줄 초콜릿을 사고 근처 술집에 들렀다가 우연히 오페라 가수 랠프 시몬스와 에드거 손더스, 이탈리아군에서 복무하는 샌프란시스코 출신 이탈리아인 에토레 모레티 중위와 어울려 술을 마셨다. 에토레는 여러 차례의 무공훈장 수훈을 아주 자랑스러워하며 엄청난 노력의 결과물이라고 주장한다. 헨리는 그를 '전형적인 영웅'이라고 부르면서도 아주 멍청한 인물이라고 생각한다.

병원으로 돌아온 헨리가 에토레에 관해 들려주자, 캐서린은 질색하면서 잘난 체하지 않고 과묵한 영국 신사풍의 영웅이 더 좋다고 말한다.

그 사이 밤이 찾아들고, 비가 내리기 시작한다. 비를 두려워하는 캐서린이 비가 '사랑에 너무 가혹하다'며 울기 시작하자, 헨리가 달래며 이유를 묻는다. '가끔 빗속에 제가 죽어 있는 모습'과 '당신이 죽어 있는 것이 보인다'는 그녀의 말에 헨리는 '쓸데없는 소리'라며 위로한다.

Chapter 20

헨리와 캐서린, 헬렌 퍼거슨, 뇌관을 제거하다 부상당한 청년이 마차를 타고 함께 경마장에 갔다. 일행은 대개 성공 확률이 높은 마이어스 씨의 조언에 따라 돈을 거는데, 돈을 따는 비결은 극소수의 사람들에게만 알려준다. 캐서린은 1,000리라 이상의 상금을 따본 적이 없는 말들만 경주 준비를 하고 있는 광경을 구경하다가 보랏빛 도는 검은 말이 염색을 했다고 믿는다. 이탈리아의 경마는 매우 부패했다는 소문이 자자한데, 헨리와 캐서린은 그 말이 본모습을 위장한 우승마라고 확신하고 돈을 걸었으나 예상보다 훨씬 적은 배당금을 받는다. 캐서린이 많은 사람들 사이에 끼어 있는 것을 지겨워하자, 남은 경기는 둘이서만 떨어져 구경한다.

Chapter 21

9월까지도 연합군은 힘든 전투를 치르고 있다. 클럽에서 만난 한 영국군 소령은 이탈리아군이 20만 병력을 잃었다면서 이런 상황이 계속되면 연합군은 1년 이내에 패배할 것이라면서도 '우리 모두가' 그 상황을 알아차리지 못하는 동안은 괜찮다고 말한다. 전쟁으로 녹초가 되었다는 것을 끝까지 인정하지 않는 나라가 결국 승리한다는 것이었다.

병원으로 돌아오니 편지들과 함께 3주의 요양휴가와 이후 최전선 복귀를 명하는 내용의 공문이 도착해 있었다.

캐서린은 함께 여행을 떠나자면서, 임신 3개월이라는 소식을 전하고 임신으로 인해 헨리를 걱정시키고 싶지 않다며 폐가 되지 않도록 노력하겠노라고 약속하지만, 헨리는 그녀에게 '훌륭하다'고 말해 준다. 캐서린이 앞으로 두 사람이 겪게 될 난관들에 대해 말하자, 헨리는 "겁쟁이는 천 번 죽고, 용감한 자는 한 번밖에 죽지 않는다"고 대꾸한다. 그들은 누가 그 말을 했는지 생각해내려고 애쓰지만 헛수고였다. 캐서린은 "현명하면서 용감한 자는 어쩌면 2천 번 죽어도 결코 그것을 언급하지 않는다"고 헨리의 말을 바꾼다.

: 풀어보기

　　제2부의 18-21장은 헨리가 최전선으로 복귀하기 전에 캐서린과 보내는 행복한 여름을 시간의 흐름에 따라 그리고 있다. 헨리는 부상이 회복되면서 점점 이동이 자유로워지고, 캐서린과의 관계를 더 많이 즐기게 된다. 독자들이 두 사람의 관계에 대해 좀더 완전히 믿을 수 있게 되는 이유 하나는 이 부분에서 캐서린의 성격이 아주 많이 드러나기 때문이다. 이전 부분에서는 교제와 보호를 갈망하는 상처받은 여인으로 해석될 수 있지만, 이제는 심리적으로 좀더 복잡하고 자기 자신을 잘 알고 있는 인물로 드러나는 것. 예를 들어, 다른 사람의 조언에 따라 돈을 따기보다는 스스

로 선택한 말에 돈을 걸어 잃는 쪽이 낫다고 생각하는 경마장 장면에서는 독립성을 엿볼 수 있다.

독립성은 임신을 알리는 장면에서 더욱 두드러진다. 행여 헨리가 임신으로 인해 발목이 잡혔다거나 책임을 져야 한다는 생각을 가질 것이 염려스러워 그러지 말라고 만류하는 것. 두 사람의 관계는 그 전에는 당연한 듯 과도한 감상주의만을 표출한 반면, 이제는 현실적이고 적대적인 세계를 새삼 인식하게 만드는 일상적인 것들을 제공하고 있다. 그녀는 '당신만을 사랑하겠다'고 약속하면서도 '분명 온갖 끔찍한 일들이 우리에게 일어날 것'을 인정할 수밖에 없다. 더욱 놀라운 점은 임신 사실을 말한 직후에 "이제까지는 어느 누구도 사랑해 본 적이 없다"고 인정한다는 점이다. 우리는 그녀의 복잡한 심리 상태에는 부분적으로만 접근할 수 있다. 예를 들어, 헨리에게 다소 감상적으로 '비는 사랑에 너무 가혹하기' 때문에 두렵다고 말할 때, 독자들은 그녀의 실체를 이루는 슬픔, 두려움, 기쁨의 종류에 대해 겨우 추측하기 시작할 수 있을 뿐이다. 이처럼 우리가 캐서린에 대해 완전히 이해할 수 없기 때문에 결과적으로 소설의 주인공으로서는 다소 불완전해 보일 수도 있으나 헨리에 대한 사랑과 용기는 강렬하고 흔들림이 없다.

에토레 모레티가 소개되면서 헨리의 성향이 더욱 돋보인다. 그 미국 출신 이탈리아군 중위는 야심만만하고 오만하다. 오페라 가수들에게 청중들과 '내 손으로도' 의자를 집어던졌다고 떠벌이는 예에서 볼 수 있듯 기회만 닿으면 남을 모욕하려 들고 자기자랑을 늘어놓지 못해 안달인 반면, 헨리는 과묵하고 초연하며 언행이 조심스럽다. 헨리가 훈장의 영예에 대해 의심을 품거나 그저 관심이 없기 때문에 내보이는 초연함은 독자들에게 캐서린에 대한 그의 감정이 정말로 진실하다는 확신을 주는 데 도움이 된다.

겁쟁이에 대한 헨리의 말은 "겁쟁이들은 세상을 떠나기 전에 여러 번 죽고, 용감한 자는 단 한 번 죽음을 맛볼 뿐이다(Cowards die many times before their deaths;/ The valiant never taste of death but once. —셰익스피어의 희곡 〈줄리어스 시저 Julius Caesar〉 제2막 2장 32-33행)"라는 시저의 명대사를 인용한 것이다. 비록 시저의 초연함에는 어떤 위해도 가해지지 않을 것이라고 믿는 오만함이 담겨 있지만, 헨리는 잠재적 위험에 직면해서도 두려워하지 않고 냉철함을 유지한다. 헨리가 그 대사에 담긴 의미를 제대로 이해하지 못하는 모습은 그들의 관계가 진전되는 방향을 제대로 예상하지 못하고 있다는 사실을 뜻한다. 이 대담한 선언 이후에 시저가 죽는다는 사실을 헨리가 인식하지 못하는 모습은 그에게 닥칠 재앙을 암시하는 듯하다.

Chapters 22-26

Chapter 22

이튿날 아침, 비가 내리기 시작한다. 헨리는 황달 진단을 받고 2주일이나 치료를 받아야 했는데, 그의 방에서 빈 술병들을 발견한 캠펜 양은 알코올 중독 때문에 황달에 걸렸다고 생각했다. 그녀는 전선으로 복귀하지 않으려고 일부러 병을 초래했다고 비난하고는 숨겨둔 술병들을 전부 치우라고 지시한 후, 상부에 보고해 휴가를 취소시켰다.

Chapter 23

헨리는 전선으로 복귀할 준비를 한다. 병원에서 작별 인사를 마치고 거리로 나선 그는 카페에서 캐서린을 보고 창문을 두드려 불렀다. 광장을 지나던 그들은 성당 밖에 서 있는 연인 한 쌍을 지나친다. 헨리가 "저 사람들도 우리 같다"고 말하자, 캐서린은 "우리 같은 사람은 없다"고 퉁명스럽게 대꾸한다. 헨리는 총포사로 들어가 권총 한 자루와 탄

창 두 개, 실탄 한 상자를 구입한다. 다시 거리로 나온 그들은 성당 밖에서 보았던 연인들처럼 키스를 나눈다. 가느다란 비가 내리다가 빗방울이 점점 굵어진다. 그들은 헨리의 제안에 따라 마차를 타고 호텔로 향한다. 캐서린은 도중에 잠시 내려 잠옷을 한 벌 샀다. 그들은 '우리가 올 수 있는 최고의 호텔'로 들어갔으나 캐서린의 표정이 어둡다. '창녀가 된 것 같다'는 캐서린의 말에 헨리가 '당신은 착한 여자'라며 머리를 어루만져 주었다.

저녁식사를 마치자 기분이 좋아졌다. 빗소리가 계속 들려왔다. 헨리가 "그러나 난 항상 등 뒤에서 들려오는 소리를 듣네/ 시간의 날개 달린 전차가 서둘러 달려오는 것을"이란 시구를 읊조리자, 캐서린은 마벨의 시에서 인용한 연구(連句)임을 알아차린다. 헨리가 어디서 아기를 낳고 어떻게 살아갈지 묻자, 캐서린은 '걱정하지 말라'며 헨리가 돌아올 때쯤엔 멋진 가정을 마련해 놓겠다고 안심시킨다.

Chapter 24

방값을 치르고 호텔을 나온 헨리는 캐서린과 함께 마차를 타고 기차역으로 향했다. 기차역에 도착하자 마차에서 내린 헨리는 캐서린을 병원으로 보내면서 몸조심하고 '어린 캐서린'도 잘 돌보라고 신신당부한다. 캐서린은 창밖으로 얼굴을 내밀고 미소를 지었다. 헨리는 비를 맞지 않는

곳에 서서 마차가 모퉁이를 돌아갈 때까지 쳐다보았다.

열차에 오른 헨리는 기관총 사수가 잡아놓은 좌석으로 갔으나 키가 크고 깡마른 대위가 항의하면서 혼잡한 열차 안이 소란스러워지자, 그 자리를 양보하고 통로로 나와 바닥에 쓰러져 잠이 들었다.

Chapter 25

어느덧 가을. 도로에는 낙엽들이 흙탕물과 범벅이 되어 있었다. 고리치아로 돌아온 헨리는 소령을 만나 전쟁에 대해 이야기를 나눈다. 소령은 여름은 혹독했고 전황은 아주 불리하다면서, 헨리의 훈장 수훈을 축하해 주고 그때 부상당한 것은 오히려 다행이라며, 상황이 너무나 혹독해서 '나'는 일단 전선을 벗어나게 되면 다시는 돌아오고 싶지 않을 것이라고 덧붙인다.

리날디의 숙소로 찾아간 헨리는 침대에 누워 친구를 기다리며 캐서린을 생각한다. 귀가한 리날디는 친구를 보자 기뻐하면서 무릎을 간단히 진찰하더니 치료를 좀더 받아야 한다며 전투에 재투입한 것은 범죄나 다름없다고 목청을 높이다가 화제를 돌려 결혼했는지, 그 영국 여자와 사랑하고 있는지, 섹스는 잘해 주는지 묻는다. 헨리는 언짢아하면서 '입에 담지 말아야 할' 주제들도 있는 법이라고 대꾸한다.

그들은 캐서린을 위해 건배한 후, 저녁을 먹으러 아래

층으로 내려간다. 술에 취한 리날디는 헨리를 위해 썰렁한 식당 분위기를 돋우기 위해 나중에 합석한 신부에게 장난 삼아 시비를 건다.

Chapter 26

저녁식사가 끝나자 리날디는 '시내에나 좀 나가봐야겠다'며, 눈을 찡긋하고 자리를 비켜준다. 소령은 헨리와 신부에게 인사를 건네고 자기 사무실로 들어갔다.

헨리와 신부는 헨리 방으로 올라갔다. 잠시 침묵이 흘렀다. 왠지 전쟁이 곧 끝날 것 같은 생각이 든다는 신부의 말에 헨리는 공감하지 않는다. 신부는 소령의 태도가 '신사적'으로 변했다며 사람들의 변화를 보면 전투가 계속될 것 같지 않다고 말한다. 이탈리아군이 패했기 때문에 부드럽게 변했다고 생각하는 헨리는 예수도 매를 맞아 쓰러졌기 때문에 온화해졌다고 암시하면서 '더 이상 승리를 믿지 않는다'고 주장한다. 밤이 깊어질 무렵 신부가 '그럼 무엇을 믿느냐'고 묻자, '잠'이라고 대답한다.

18-21장에서 캐서린의 행동이 그들의 관계를 둘러싼 낭만적인 이상주의에 옅은 그늘을 드리웠다면, 이별 장면

은 그 이상주의를 짙은 어둠으로 덮어 암울한 운명이 서서히 다가오는 느낌을 준다. "우리 같은 사람은 없다"는 그녀의 말은 그들의 관계를 고상한 이상적 사랑의 영역에서 떼어내 좀더 현실적이고, 복잡하고, 설득력 있게 만들고 있다.

헨리가 인용한 시구는 영국의 형이상학파 시인 앤드루 마벨(Andrew Marvell, 1621-78)의 "수줍은 연인에게 To His Coy Mistress"(1681)의 일부다. 이 시에서는 한 사내가 사랑하는 처녀에게 구애하면서, 정숙을 강요하는 사회규범들이 필연적인 죽음 앞에서는 하찮은 것이라고 설득한다. 인생은 고통스러울 만큼 짧기 때문에 가질 수 있는 쾌락은 거추장스럽고 도덕적인 인습에 얽매이지 말고 최대한 누려야 한다는 것. 이 시는 캐서린과 헨리의 이별 장면을 형상화하는 데 중요한 역할을 한다. '창녀가 된 것 같다'는 캐서린의 말은 비록 '지금도 사실상 결혼한 것이나 마찬가지'라며 결혼할 필요성을 느끼지 않는다는 주장에도 불구하고 사회의 엄격한 도덕적 잣대가 그녀의 행복을 뒤흔들 만큼 강력한 영향력을 발휘하고 있다는 증거다. 그러나 그녀는 곧 이런 기분을 극복하고 죄를 지으면 도덕을 강요하는 외부 세계와 더욱 극명하게 대비되어 그들이 더욱 가까워질 수 있다고 상상하고 실제로 함께 '뭔가 정말로 죄스러운 것'을 하고자 하며, 헨리와 단둘이 있을 때 가장 기분이 좋고 외로움을 덜 느낀다. 시의 마지막 행은 그들의 관계가 지닌 그 같은 측면을 환기시키고 있다.

> 우리의 모든 힘과 우리의 모든 감미로움을
> 굴려 하나의 공으로 만들자.
> 그리고 인생의 철문을 통해
> 우리의 기쁨을 거친 투쟁으로 찢어버리자.

전쟁으로 황폐화된 세상에서 위안을 찾기 힘들다는 점을 고려할 때, 인생의 가혹한 현실에 대항해 헨리와 결합하기를 원하는 캐서린의 심정은 충분히 이해할 수 있다.

헨리와 신부의 대화에서도 엿볼 수 있듯, 인간은 삶을 지탱하고 그 삶에 의미를 부여하는 신(神), 사랑, 명예 같은 토대들이 무너져버린 세상에서는 살아가기 힘들다. 리날디처럼 이런 신념들에 대한 믿음을 일부나마 간직한 인물들은 캐서린처럼 다른 방식으로 상실을 보상받고사 한다.

헨리와 신부의 대화는 믿을 만한 것이 전혀 남아 있지 않은 사람들이 느끼는 끔찍한 공포감을 보여준다. 헨리는 신에 대한 믿음이나 자신이 속해 싸우고 있는 전쟁에 대한 의무감이 없기 때문에 잠이 가져다주는 망각만을 믿는다고 말할 수 있는 것이다.

Chapters 27-29

Chapter 27

영광, 명예, 용기, 신성함 같은 추상적인 단어들은 연대의 번호들과 날짜 같은… 구체적인 것과 비교하면 추한 것이다.

다음날 아침, 헨리는 나지막한 산들이 병풍처럼 늘어서고, 치열한 전투가 벌어졌던 바인시차로 갔다. 지노는 오스트리아군의 끔찍한 포격에 대해 들려주고, 크로아티아군과 대치중인 이탈리아군의 위치에 대해 의견을 나누면서 '전쟁에 패한다는 말은 이제 신물이 난다'며 여름에 입은 손실이 헛되지는 않을 것이라고 주장한다. 헨리는 '신성한,' '영광스러운,' '희생' 같은 단어에 당혹하며 침묵에 빠진다. 그처럼 추상적인 단어들보다는 마을 이름이나 거리의 숫자처럼 실제적인 사실들이 더 의미가 있다고 믿는 것.
그날 밤, 비가 세차게 내리는 가운데 적군의 포격이 시작되자, 겁에 질리고 비에 흠뻑 젖은 부상병들이 들것에 실려, 혹은 업히거나 걸어서 의무실로 찾아왔다.

이튿날 아침, 이탈리아군은 공격해 오는 적군들 가운데 독일군이 섞여 있다는 사실을 알고 겁을 집어먹는다. 그동안 독일군과 거의 교전한 적이 없었고 앞으로도 그러지 않길 바랄 뿐이었다.

다음날 밤, 방어선이 뚫려 대규모 철수가 시작된다는 소식이 들리고, 이어 빗속에서 이탈리아군이 천천히 전선을 빠져나간다.

이튿날, 고리치아로 돌아온 헨리와 부하들은 위안소의 여자들이 트럭에 타는 광경을 목격한다. 숙소에 도착해 보니 리날디는 이미 병원을 따라 이동했고, 다른 병력도 소개(疏開)된 뒤였다. 창가에는 헨리에게 '복도에 쌓여 있는 자재를 싣고 뒤따라오라'는 내용의 쪽지가 놓여 있었다. 헨리는 보넬로, 피아니, 아이모에게 각자의 자동차를 점검하고 휘발유를 가득 채우게 한 후에 자재들을 실으라고 지시했다. 이어 세 시간 동안 눈을 붙인 그들은 식사를 마치고 퇴각을 시작했다.

Chapter 28

그 트럭이 섰다. 그러자 대열 전체가 섰다. 대열은 다시 움직이기 시작했고 우리는 아주 조금 나아가다가 또 섰다.

　　헨리 일행은 서행운전으로 마을을 통과하면서 끝없이 이어진 병사들과 차량들의 행렬에 합류했고, 헨리는 교대로 운전하며 눈을 붙였다. 헨리가 잠에서 깨고 얼마 지나지 않아 행렬이 멈췄다. 비는 계속 내리고 있었다. 헨리는 차에서 내려 부대원들을 점검한다. 보넬로는 낙오된 공병 하사관 둘을 태우고 있었으며, 아이모의 차에는 십대 소녀 둘이 타고 있다. 소녀들은 아이모에게 겁을 먹은 듯 울기 시작했지만, 아이모는 치즈를 권하며 안심시켰다. 피아니의 차로 돌아와 다시 잠든 헨리는 캐서린 꿈을 꾸며 잠꼬대를 한다. 밤이 되자 많은 농부들이 퇴각 행렬에 합류했다.

　　날이 밝으면서 비행기 폭격을 피해 퇴각 행렬에서 벗어나기로 결정한 헨리는 샛길을 발견하자 그 길을 택한다. 헨리 일행은 비어 있는 외딴 농가에서 찾아낸 치즈와 사과, 포도주로 아침식사를 마치고 다시 퇴각을 계속한다.

Chapter 29

　　아이모의 차가 진흙탕에 빠지자 헨리 일행은 황급히 나뭇가지를 부러뜨려 바퀴 밑에 넣고 차를 끌어내려 한다. 헨리는 보넬로의 차에 타고 있던 공병 하사관들에게도 나뭇가지를 꺾어오라고 명령했지만, 그들은 시간을 지체하면

도로가 차단될 수 있다며 달아나기 시작했다. 헨리의 권총 사격에 한 명은 쓰러지고, 한 명은 도주했다. 보넬로는 헨리에게 권총을 받아 쓰러져 있는 하사관을 사살했다. 일행은 나뭇가지와 사살한 하사관의 옷가지들을 바퀴 밑에 넣고 차를 꺼내려 했으나 점점 더 깊이 진흙 속으로 빠져들자 포기했다.

헨리는 필요한 물건들을 남은 차들에 옮겨 싣도록 지시하고 퇴각을 계속했으나 얼마 가지 못해 또 진흙탕에 빠지자, 소녀들에게는 돈을 주어 가까운 마을로 보내고, 일행은 걸어서 우디네로 향한다.

: 풀어보기

이 장면은 제1차 세계대전 때 가장 규모가 컸던 퇴각 하나를 바탕으로 썼는데, 이 소설에서 가장 빼어난 묘사에 속한다. 어둠을 뚫고 군용 차량들의 행렬이 천천히 움직이며 구불구불한 시골 길을 통과할 때, 헤밍웨이의 글도 마찬가지로 병사들의 어둡고 물 흘러가는 듯한 움직임을 흉내 내고 있다.

"그 트럭이 섰다. 그러자 대열 전체가 섰다. 대열은 다시 움직이기 시작했고 우리는 아주 조금 나아가다가 또 섰다."

27-29장은 강렬하면서도 철저하게 현실적으로 전쟁의 실상을 보여준다는 점에서 주목할 만하다. 헨리가 신부와의 대화에서도 생각했듯이 용기와 명예 같은 추상적인 개념들은 전쟁의 구체적 실체와 양립할 수 없다. 헤밍웨이는 퇴각 장면을 묘사하는 과정에서 전쟁의 낭만적인 부분을 완전히 제거하고 독자들에게 가장 구체적이고 실감나며 정확한 실체를 제공하고 있다.

제3부(25장부터)에서는 소설의 초점이 제2부의 주요 주제인 사랑에서 전쟁으로 옮겨가고 있다. 헤밍웨이는 중립적이며 신문기사 같은 문체를 통해 현장감을 높이고 매우 혼란스러운 상황을 생생하게 전달한다. 헨리가 명령에 불복하고 달아나는 공병 하사관들에게 총격을 가하는 장면의 감정이 배제된 문장들은 헨리의 행동에 대해 도덕적인 판단을 유보하고 단순히 사실들을 전달할 뿐이며, 이처럼 절제되고 초연한 어조로 인해 그의 잔인한 행위는 도덕과는 무관한 풍경과 대비되면서 화를 참지 못하고 사람에게 총질하는 것이 진흙에 빠진 차를 미는 것과 똑같은 비중을 갖게 된다.

헤밍웨이는 독자들에게 그 장면을 보고 판단할 수 있는 믿을 만한 도덕적 근거를 제시하지 않음으로써 각자의 조건에 따라 그 장면을 처리하도록 요구하고 있다. 보넬로가 헨리를 도와 공병 하사관의 머리에 총을 쏜 행위와 그것을 화제로 낄낄대는 운전병들의 잡담은 헨리의 충격이 비정상적인 것이 아니며 뭔가 더 크고 만연된 비이성이 작용하고 있다는 암시가 분명하다. 사실, 서술의 관점에 옳고 그름의 의미가 제대로 규정되지 않은 것은 헨리가 스스로 처해 있다고 인식하는 상황을 반영한다. 전쟁이 세상으로부터 확실성을 앗아가 버렸기 때문에 직접 각자의 도덕적 범위를 정할 수밖에 없는 것이다. 지노 같은 인물들은 성스러운 땅, 희생 등의 이상을 믿기 때문에 조국을 위해 싸우는 반면, 헨리 같은 인물들은 전쟁터에서의 행위에 대해 어떤 숭고함이나 의미를 부여하지 않는다.

헤밍웨이는 공병 하사관의 살해 장면을 통해 전쟁의 혼란과 무의미함을 아주 제대로 표현했다. 독자들은 평소에는 자제력이 뛰어난 헨리가 그토록 쉽게 사람에게 총질을 하리라고는 예상치 못했으며, 더군다나 그다지 절박한 상황도 아니었기 때문에 총질이 정당화될 수도 없다. 하사를 확인 사살한 보넬로의 행동도 무의미하기는 마찬가지다. 아무리 전시라고 해도 하사가 심각한 죄를 저지르지 않았고, 따라서 극형을 받아야 할 이유가 없다는 사실은 이따금 전쟁터에서의 행동을 설명할 수 없다는 점을 강조한다.

Chapters 30-32

Chapter 30

다리를 건너던 헨리는 근처의 또 다른 다리를 건너는 독일군 장교 차량을 보았고, 얼마 지나지 않아 10여 명의 독일군이 지나갔다. 잠시 후에는 중무장한 독일군 자전거 부대와 마주쳤으나 다른 목표가 있는 듯 그냥 지나쳐갔다. 헨리 일행이 큰 길을 피해 샛길로 접어들 무렵, 총격이 시작되었고 아이모가 총탄에 맞아 즉사한다. 겁을 집어먹은 아군의 사격에 전우를 잃었다는 사실을 알게 된 일행은 아군이 적군보다 더 위험하다는 것을 깨닫고 어두워질 때까지 은신할 만한 장소를 찾다가 버려진 농가 한 채를 발견한다. 비는 계속 내리고 있었다.

헨리가 건초 보관용 헛간을 살펴보는 사이, 피아니와 보넬로는 먹을 것을 찾아 나섰다. 헨리가 건초 속에 누워 지나간 수년의 세월을 회상할 때, 약간의 먹을 것을 들고 돌아온 피아니는 보넬로가 포로가 되어 목숨을 부지하겠다며 도주했다고 보고한다.

헛간에 숨어 있던 두 사람은 밤이 깊어지자 북쪽을 향해 걷다가 퇴각하는 이탈리아군 대열에 합류하게 되었고, 그 행렬에 휩쓸려 밤새도록 걸어 탈리아멘토 강 하류에 있는 다리를 건너다 검문하던 장병들과 마주쳤다. 그들은 영관급 장교들을 색출해서 이탈리아군을 이탈하거나 패배로 이끈 '반역죄'의 책임을 묻고 있었다. 두 명의 헌병에게 붙잡힌 헨리는 젊은 장교들의 심문을 기다리는 무리들 속으로 끌려갔다. 한 사람씩 심문을 받은 장교들이 끌려 나가 총살되었다. 대령 하나가 심문을 받고 장교 세 명이 끌려와 헌병들의 주의력이 분산되는 사이에 탈출 기회를 포착한 헨리는 강으로 뛰어들어 필사적으로 헤엄쳤다. 귓가에 들리던 총소리는 강가에서 멀어지자 잦아들었다.

Chapter 31

차가운 강물에서 나무토막에 의지해 한참을 떠내려가다 뭍으로 올라와 계급장을 떼어내고 가진 돈을 세어본 후에

그것들을 주머니에 넣고 베네치아 평원을 건넜다. 저녁 무렵, 헨리는 천천히 지나가는 군용 화물열차에 올라타고 가다가 맞은 편 다리 위에서 경비를 서던 커다란 철모를 쓴 소년병과 눈이 마주치자 노려보았더니 열차 근무병으로

오인하고 넘어갔다. 잠시 후에는 커다란 방수포 덮개 밑으로 기어들다가 실려 있던 대포에 머리가 찢기자 피가 마를 때까지 기다렸다가 피딱지를 떼어낸다. 열차에서 내릴 때, 이목을 끌고 싶지 않았던 것.

Chapter 32

기진맥진한 채 덮개 밑에 누워 있던 헨리는 발렌티니 박사가 무릎 수술을 잘 해준 덕분에 어려운 상황을 헤쳐 나갈 수 있었다고 생각한다. 그리고 '머리는 내 것이었지만 쓴다거나 사색하기 위한 것이 아니라 다만 기억하기 위한 것일 뿐'이라고 생각하며 캐서린을 떠올리지만 다시 만날 보장도 없는 상황에서 미쳐버릴 것 같은 상실감이 밀려온다. 이제는 구급차들과 부하들도 잃었고, 의무는 헌병에게 멱살을 잡혔을 때 사라졌으며, 신부나 리날디 같은 기억할 친구들도 없기 때문에 "내게 전쟁은 끝났다". "이제 전쟁은 더 이상 내 일이 아니었다." 그러나 육체적 욕구로 인해 자꾸 딴생각이 났다. 먹고 마시고, 캐서린과 잠을 자야 하는 헨리는 캐서린을 데리고 어디로 가야 할지를 생각하고 있었다.

30-32장에서는 이미 허약해진 이탈리아군의 세상이

무너진다. 29장부터 시작되는 붕괴의 조짐은 평소에는 침착하고 냉정해 보이던 헨리가 이성을 잃고 공병 하사관들에게 총격을 가한 장면에서 나타난다. 그리고 전세가 불리해지자 혼돈과 공황 상태에 빠진 이탈리아군은 아군에게 총격을 가하고, 보넬로는 죽음이 두려워 전우들을 버리고 도주하며, 처음에는 질서정연했던 퇴각 행렬이 흩어지고, 젊은 장교들과 헌병들은 닥치는 대로 고위 장교들을 끌어내 즉결처분한다. 이 부분에서는 전쟁의 공포와 혼돈, 비이성이 실감나게 드러난다.

30장에서는 헨리와 대비되는 두 부류의 인물이 등장한다. 광적인 애국주의에 사로잡힌 폭도 같은 젊은 장교들과 헌병들은 고상한 이상을 믿지 않는 헨리와 대비된다. 그들의 몰지각과 잔인함 속에 담긴 하느님, 동족, 국가에 대한 과장된 말들은 헨리가 그 개념들에 대해 품고 있는 의심을 거룩해 보이도록 만든다.

처형당하는 장교라는 인물은 좀더 복잡하다. 불쾌하면서도 진지하게 던지는 "자네들은 퇴각을 경험한 적이 있는가?"란 질문은 헨리의 현실적인 사고방식과 닮았지만, 패배를 감수하고 처형을 피해 도망치거나 항변하지 않으면서도 어리석은 질문들로 '나를' 괴롭히지 말라며 존엄성을 지키려고 한다.

반면, 헨리는 패배하지도 않을 뿐더러 체면 유지에도

관심이 없고, 전쟁이나 승리의 신성함 따위는 믿지 않기 때문에 그 장교 같은 반응을 끄집어낼 수 없다. 따라서 비겁하다기보다는 무의미하게 여겨지는 명분을 위해 희생당하고 싶지 않기 때문에 도망치는 것이다. 절대적인 비이성이 만연한 상황에서 헨리에게 자기보호는 그 어떤 선택보다 타당한 것이다.

전쟁에서 낭만적 이상들이 분리된 것처럼, 헨리도 계급장을 떼어 주머니에 넣으면서 인생의 일부분이 끝났다고 느낀다. 강물로 뛰어들어 탈출하는 것은 일종의 세례의식이며, 분노와 의무감을 씻어내고 세상에서 진실로 중요한 것들을 새롭게 깨닫는 여정이다. 생각이 다시 캐서린에게로 향하는 30-32장에서 전쟁과 '단독 강화'를 맺으면서 이 소설의 제목이 된 '무기와의 작별(the farewell to arms)'이 이루어지는 것이다.(34장)

헨리가 32장에서 전쟁과의 작별을 생각할 때, 화법은 1인칭에서 2인칭으로 변환된다. 2인칭 변환이 처음은 아니지만, 여기서는 가장 집중적으로 사용되고 있으며, 이전처럼 이번에도 이야기를 풀어내는 일상적인 어조에 영향을 미친다. 더욱 중요한 점은 2인칭 화법은 독자에게 헨리와 일체가 되어 그의 머릿속으로 들어가라고 요구한다는 것이다. 헤밍웨이가 헨리가 좀더 철학적이 되는 순간들을 담기 위해 준비한 이 장치는 매력적이면서도 경이롭다. 1인칭 '나

(I)'가 아주 일관되게 쓰이던 글에서 2인칭 '너(you)'가 반복적으로 튀어나오면서 독자가 헨리의 머릿속에 들어가 있다는 느낌을 더욱 강하게 느낄 수 있도록 문법과 문체라는 전통 규칙들을 무시하는 것이다.

세미콜론(;)이 빈번하게 나타나고, 불완전한 문장도 꼬리를 물며 나열된다. 심지어 관점이 1인칭으로 돌아온 후에도 이 '의식의 흐름' 문체는 더욱 강화된다. 자신의 가상 죽음과 동료들의 안위에 대한 생각을 파고들며 허기가 밀려들고 서서히 잠에 빠져들 때, 의미를 정확히 알기 힘든 문장이 던져지는 것이다. "많은 곳들이 있었다."

Chapters 33-37

Chapter 33

기차가 밀라노 역으로 진입하면서 속도를 줄일 때 뛰어내린 헨리는 열려 있는 술집에 들어가 커피를 마시고 빵한 조각을 먹었다. 헨리에게 술을 한 잔 권하면서 '어려운 처지'라면 숨겨주겠다고 제안한 주인은 '가야 할 곳이 있다'며 거절하자, 계급장을 떼어낸 자국이 선명한 옷을 입고 다니면 위험하다며 증명서가 필요하면 구해 주겠다고 다시 한 번 의향을 묻는다.

'괜찮다'는 말을 남긴 헨리는 캐서린이 근무하는 병원으로 갔다가 경비로부터 스트레사로 떠났다는 말을 전해듣고는 오페라 가수 시몬스를 찾아가 스위스로 가는 방법에 대해 묻는다. 시몬스는 무슨 일이든 돕겠다면서, 양복을 사다 달라는 헨리에게 원하는 것은 모두 주겠다는 말과 함께 양복을 꺼내주고 행운을 빌며 배웅한다.

Chapter 34

스트레사행 열차에 몸을 실은 헨리는 양복이 낯설고 어색했으며, 젊은 나이에 군대에 가지 않은 그에게 따가운 시선이 꽂혔으나 아랑곳하지 않았다. 예전 같았으면 싸움을 붙었겠지만, 이젠 전쟁과 '단독 강화'를 맺었기 때문이다.

기차가 스트레사에 도착하자 일 보로메 호텔에 멋진 방을 하나 잡은 다음, 수위에게 아내가 오기로 되어 있다고 일러두고는 호텔 바로 바텐더 에밀리오를 찾아간다. 간단히 한 잔 마시면서 에밀리오와 이런저런 얘기를 나누다가 '영국 여자들'을 본 적이 있는지 묻자, 잠시 밖으로 나갔던 그는 간호사 둘이 역 근처의 작은 호텔에 묵고 있다는 정보를 얻어 돌아왔다. 식사를 하던 헨리는 에밀리오로부터 전쟁에 관한 질문을 받지만, '전쟁 얘기는 하지 말라'며 말을 끊는다. '이제 내게 전쟁은 끝났다'고 생각하기 때문이다.

헨리가 역 근처 호텔에 도착했을 때, 캐서린과 헬렌 퍼거슨은 저녁식사를 하고 있었다. 캐서린은 헨리를 보자 믿어지지 않는 듯 놀라며 반가워했지만, 헬렌은 화를 내며 친구를 '궁지로 몰아넣었다'고 나무랐다. 그 같은 엄격한 도덕적 판단에 대해 헨리와 캐서린이 모두 동의하지 않자, 헬렌은 울기 시작한다.

헨리는 캐서린과 함께 지낸 밤을 묘사한다. 그는 행복한 상태로 돌아왔지만, '세상이 모든 사람을 망쳐놓았고'

선량한 사람들이 '무차별' 죽임을 당하고 있다는 사실 때문에 침울하다.

이튿날 아침, 헨리가 신문을 보지 않으려 하자, 캐서린은 신문을 읽고 싶지 않을 정도로 끔찍한 경험을 했느냐고 묻는다. 헨리는 언젠가 '내 기억들이 정리되면' 말해 주겠노라고 약속한다. 헨리가 탈영해서 범죄자가 된 기분이라고 털어놓자, 캐서린은 결코 그렇지 않다며 어차피 이탈리아 군대였을 뿐이라고 위로하고 '당신이 원하는 곳'이면 어디든 가겠다고 힘주어 말한다.

Chapter 35

다음날 오전, 캐서린은 헬렌을 만나러 가고, 헨리와 함께 낚시를 나간 에밀리오는 언제든 보트를 빌려주겠노라고 말한다.

헨리와 캐서린은 헬렌을 만나 함께 점심을 먹는다. 일전에 헨리가 스트레사를 여행할 때 알게 된 94세의 귀족 그레피 백작도 조카와 함께 그 호텔에 묵고 있다. 그날 저녁, 헨리는 백작과 당구를 즐긴다. 백작은 예전에는 나이가 들면 자연히 신앙심도 깊어질 것이라고 생각했는데, 실은 그렇지 않다고 말한다. 두 사람은 종교와 전쟁의 승패에 대해 이야기를 나눈다.

Chapter 36

그날 밤, 폭풍우가 몰아쳤다. 헨리가 창문을 닫으려고 일어나는 순간, 흠뻑 젖은 에밀리오가 찾아와 헌병들이 아침에 헨리를 체포할 것이란 소식을 전하면서 보트를 타고 스위스로 넘어가라고 귀띔한다. 헨리는 캐서린을 깨워 짐을 꾸리고 황급히 선착장으로 향한다. 에밀리오는 '내' 보트를 타고 가라며 미리 준비한 브랜디와 샌드위치를 건네고, 배 값으로는 우선 50리라를 주고 스위스에 도착하면 나머지 500프랑을 부쳐달라고 덧붙인다.

Chapter 37

폭풍우 때문에 호수의 물살이 거칠다. 헨리는 통증으로 손에 감각이 없을 정도로 밤새 노를 젓는다. 잠시 캐서린이 노를 젓다가 다시 헨리가 노를 잡는다. 몇 시간 후, 다행히 세관 감시원들의 눈에 띄지 않고 스위스 땅에 도착한 그들이 아침식사를 하는데 예상대로 스위스 경비병들이 나타나 그들을 체포한다.

로카르노로 이송된 두 사람은 한동안 스위스에 머물 수 있는 임시 비자를 발급받는다. 경비병들은 연인들이 겨울 스포츠를 즐기기에 가장 적합한 장소를 놓고 옥신각신한다. 무사히 스위스에 도착했다는 생각에 안도한 헨리와 캐서린은 호텔로 가서 이내 잠이 든다.

소설의 이 대목까지 장교, 사병, 간호사, 외과의사 등, 주로 전쟁과 직접 관련된 사람들의 입을 통해 표출된 전쟁에 대한 반응은 헨리가 탈영 후에 만난 몇몇 민간인들의 생각과 다르지 않다. 시몬스, 에밀리오뿐만 아니라 그레피 백작도 전쟁을 반대하는데, 시몬스와 에밀리오는 헨리의 탈영을 도울 만큼 적극적이다. 이처럼 한쪽으로 치우친 듯한 대중의 반전 의식을 제시함으로써 전쟁이 영광과 명예보다는 무의미한 상실과 파괴를 야기시킨다는 이 소설의 근본적인 주장을 강조하는 효과를 얻는다.

마치 이 점을 강조하려는 듯, 헤밍웨이는 헨리와 그레피 백작의 대화에서 좀더 낙천적인 동시대인들을 신랄하게 비판한다. 헨리가 전시(戰時)에 씌어진 문학작품에 대해 묻자, 그레피 백작은 1916년에 〈포화 *Le Feu*〉를 발표한 프랑스 소설가 앙리 바르뷔스(Henri Barbusse. 1873-1935), 그리고 〈모로 박사의 섬 *The Island of Doctor Moreau*〉과 〈우주전쟁 *The War of the Worlds*〉으로 유명한 영국 작가 허버트 웰스(Herbert G. Wells. 1866-1946)를 언급한다. 웰스는 〈브리틀링 씨, 간파하다 *Mr. Britling Sees It Through*〉도 썼는데, 그레피 백작은 실수로 이 작품을 "브리틀링 씨, 이겨내다 Mr. Britling Sees Through It"라고 말한다. 헤밍웨이는 아마도 이 작품에서 취하는 전쟁에 대한 낙관적 태도가 못마땅했던 듯, "아니요, 그는 간파하지 못합니다(No, he doesn't.)"라는 헨리의 말을 통해 그 제목이 표방하는 낙관주의를 비꼰다.

'좋은 작품은 하나도' 읽어본 적이 없다는 헨리의 비평에서는 헤밍웨이가 바르뷔스도 좋아하지 않는다는 사실이 분명히 드러난다. 바르뷔스는 〈포화〉에서 반전 주장을 펼쳤지만, 등장인물들의 전반적인 시각은 헤밍웨이의 엄격한 개인주의와 충돌하기 때문이다.(바르뷔스가 나중에 공산당과 스탈린에게 빠졌다는 점도 헤밍웨이의 신념과는 어울리지 않음) 그런 논쟁이 되는 성격 외에도, 이 농담 속에 담긴 문학적 의미는 곧 닥칠 운명—결국 부상병들이 이 낙천적 소설을 읽게 되면 웰스의 낙관적 서술이 잔혹한 전쟁의 실체와 다르다는 사실이 드러난다.—을 강하게 시사한다.

헨리는 캐서린을 다시 만나게 되자, 딜영 결정에 대해 만족하는 듯하다. 그러나 수차례, '더 이상 전쟁은 없다'고 다짐하면서도 어쩌면 그의 '단독 강화'는 실제 마음자세라기보다는 일종의 희망 사항에 더 가까울지 모른다. 여전히 전쟁과 그 속에서 자신이 맡았던 역할을 떠올릴 때마다 머릿속이 복잡해지고, 아직 전쟁 경험에 대해 들려줄 만큼 기억이 정리되지 않았다는 것을 인정하기 때문이다. 이 같은 정신적 혼란과 더불어 탈영으로 인해 범죄자가 된 것 같다는 고백을 감안하면, 심리적 갈등은 그가 인정하려는 것보다 훨씬 더 심각하다는 것을 알 수 있다.

그들이 스위스로 떠날 준비를 할 때, 어두운 운명을 암시하는 내용이 이어진다. 비록 헤밍웨이는 철저히 사실주의를 추구하기 때문에 전통적 방식의 복선에 의지하지는 않더라도 다양한 방식을 통해 미래의 비극을 예고하고 있다. 평소 모습과 달리 호텔에서 갑자기 울음을 터뜨리는 헬렌 퍼거슨의 모습은 사회적 관습이나 도덕관에 지나치게 집착하고 있거나 친구가 떠나면 홀로 남을 것을 두려워한다는 표현이기보다는 이 세상은 캐서린과 헨리의 사랑처럼 진실한 사랑이 존재할 수 없는 위험한 곳이라는 차마 형언할 수 없는 공포감의 표출이라고 볼 수 있다. 한밤중에 헨리가 혼자 사색하는 대목도 그 같은 정서를 반영한 것이다. 왜 그가 이 세상이 운명적으로 선하고 온순하고 용감한 사람들을 죽일 수밖에 없다는 참혹한 생각을 하게 되었는지는 알 수 없지만, 그 생각은 머지않아 그가 가장 소중하게 여기는 것들을 '파괴할' 잔혹한 세상의 움직임을 암시한다.

Chapters 38-41

Chapter 38

계절은 가을로 접어든다. 몽트뢰 외곽의 산골 오두막으로 거처를 옮긴 헨리와 캐서린은 아래층의 구팅겐 부부와 어울리고, 이따금 평화로운 인근 마을들도 거닐며 행복한 시간을 보낸다. 캐서린이 시내 미장원에서 머리를 할 때면 헨리는 맥주집에서 흑맥주를 마시며 신문을 읽었다.

어느 날, 캐서린이 머리 손질을 끝낸 이후에 두 사람은 맥주를 마시러 간다. 캐서린은 맥주를 마시면 아기의 몸집이 작아진다고 믿고 있다. 의사가 골반이 좁다고 경고했기 때문에 아기의 크기에 대한 그녀의 걱정은 갈수록 깊어진다. 헨리와 캐서린은 다시 결혼에 대해 이야기한다. 캐서린은 결혼을 해야 태어날 아기가 '합법적'인 자격을 취득한다는 점에 동의하면서도 미국인이 되면 가보고 싶은 나이아가라 폭포, 금문교 같은 곳에 대해 대화하기를 원한다.

크리스마스를 사흘 앞두고 눈이 내린다. 캐서린이 이

곳이 '따분하냐'고 묻자, 헨리는 '아니다'면서도 가끔은 전쟁, 리날디, 신부, 전우들 생각이 난다고 덧붙인다. 헨리가 따분함을 느낀다고 생각한 캐서린은 삶에 활력소가 될 만한 변화를 찾아보라고 제안한다. 헨리는 턱수염을 기르기로 한다. 캐서린이 헨리처럼 보이기 위해 머리를 짧게 자르겠다고 하자, 헨리는 반대한다. 캐서린은 동시에 잠들자고 제안하지만, 헨리는 그러지 못하고 곤하게 잠든 캐서린의 얼굴을 보며 오랫동안 생각에 잠긴다.

Chapter 39

1월 중순, 헨리의 턱수염이 덥수룩하다. 산책을 나갔다가 어둡고 연기가 자욱한 목로주점에 들어가 오붓한 시간을 즐기던 그들은 문득 '귀여운 개구쟁이'가 태어나면 상황이 달라질 것이라고 생각한다. 캐서린은 아기를 낳고 다시 날씬해지면 머리를 자르겠다고, 그러면 둘이 처음 만난 것처럼 다시 뜨겁게 사랑을 할 수 있을 것이라고 말한다. 헨리는 지금도 충분히 사랑하고 있다면서, 투정을 부린다.

"원하는 게 뭔데? 날 망가뜨릴 작정이야?" 그해 겨울은 아주 멋졌고, 두 사람은 정말 행복했다.

Chapter 40

3월, 두 사람은 만약의 사태를 대비해 병원이 가까운 로잔으로 거처를 옮기고 3주 동안 호텔에서 묵는다. 캐서린은 아기 옷을 사고, 헨리는 체육관에 가서 운동을 한다. 그들은 곧 아기가 태어나기 때문에 이제 둘만의 시간을 잠시도 허비해서는 안 된다고 생각했다.

Chapter 41

어느 날, 새벽 3시쯤 산통이 시작되자 헨리는 캐서린을 택시에 태워 병원으로 데려갔다. 병실을 배정받고 환자복으로 갈아입은 캐서린은 잠시 후 들어온 헨리에게 나가서 아침식사를 하라고 권한다. 헨리가 캐서린과 간호사의 권유에 떠밀려 식사를 마치고 돌아오자, 분만실로 옮겨진 캐서린은 진통을 완화시키기 위해 마취 가스를 흡입하고 있었고 옆에는 의사가 서 있었다.

그날 오후, 헨리가 점심식사를 끝내고 돌아왔을 때도 캐서린은 여전히 마취 가스에 취해 있었고 분만은 진척이 없었다. 날이 어두워지고 있었다. 헨리는 캐서린이 죽으면 어쩌나, 하며 노심초사했다. 얼굴이 굳어진 의사가 헨리에게 제왕절개 수술만이 최선의 방법이라고 말하자, 헨리는 '최대한 빨리 수술해 주십사'고 청했다. 너무 고통스럽다며 가스를 더 마시게 해달라고 간청하던 캐서린이 수술실로 옮겨졌다. 헨리는 비가 내리는 창밖을 내다보았다.

의사가 아기를 안고 나와 '건강하다'고 말했지만, 헨리는 이상하게도 아무런 감정이 느껴지지 않았다. 간호사가 '기쁘지 않으냐'고 묻자, 헨리는 '제 엄마를 죽이려 했다'고 답했다. 병실로 옮겨진 캐서린은 고통스러운 듯 신음하고 있었다. 그녀는 헨리에게 아기가 건강한지 물었고, 헨리는 '아주 좋다'고 대답했다. 간호사는 헨리를 복도로 데리고 나와 태어나기 전부터 아기 목에 탯줄이 감겨 있었다고 설명한다. 창밖에는 비가 내리고 있었다.

헨리가 저녁을 먹고 돌아오자, 간호사는 캐서린이 출혈이 심하고 위급하다는 말을 전한다. 가슴이 덜컹 내려앉은 헨리는 캐서린이 죽을지도 모른다는 생각이 들자 공포에 휩싸이면서, 그녀를 살려주면 무슨 일이든 하겠다고 기도한다. 캐서린은 미소를 지으며 '나'는 죽고 싶지 않지만 죽을 것이라면서 지금까지 '내게' 했던 언행을 다른 여자들에게는 하지 말라면서도 '좋은 사람을 만나기 바란다'고 덧붙인다.

헨리는 곁을 지키다가 그녀가 숨을 거두자 작별인사를 하려 했지만 부질없는 짓임을 깨닫고 병원을 나와 비를 맞으며 호텔로 돌아간다.

38-41장의 전반부에서 헨리와 캐서린이 부부처럼 생활하는 모습은 함께 지내며 느끼는 행복을 보여주고 있다. 헤밍웨이는 40장에서 이 행복과 독일군의 공격 소식을 나란히 배치해 외부 세계와 떨어져 있는 두 사람의 상황을 효과적으로 대비시키고 있다.

"1918년 3월, 독일이 프랑스를 공격하기 시작했다. 나는 위스키와 소다수를 마시고 있었으며, 캐서린은 짐을 풀면서 방 안을 서성거렸다."

그러나 그 평온함 이면에는 설명하기 힘든 불안감이 드리워져 있다. 헤밍웨이 소설에 등장하는 대다수 주인공들처럼 헨리도 모험을 갈망하기 때문에 결국 결혼생활이나 마찬가지인 삶이 점점 따분해지기 시작하고, 체육관에서 복싱 연습을 하는 동안 거울 속에 비친 모습을 오래 바라볼 수가 없다. 턱수염을 기른 그 복서의 모습이 낯설기 때문이다.

이 같은 현재의 정체성과 과거 정체성의 충돌은 헨리가 갓난아기에 대해 아무런 감정을 느끼지 못할 때 폭발한다. 헨리는 세상에서 격리되어 캐서린과 단둘이 있고자 하는 열망이 큰 만큼, 두 사람의 배타적 결합은 헨리에게 약간의 독립성을 유지해야 한다는 새로운 문제를 안겨준다. 캐서린은 그들의 삶이 '전부 뒤섞여' 행복하지만, 헨리는 "이제 내게는 더 이상 삶이 없다"고 고백하는 것. 소설의 결말에서 보여주듯 헨리는 캐서린을 더 없이 사랑하면서도 그녀가 사랑을 나누려고 들면 체스를 두려고 한다. 소설에서 마지막까지 남아 있는 이상인 사랑도 결국 영광과 명예처럼 문제가 되는 것이다.

이 부분에서 헤밍웨이는 캐서린의 죽음을 수차례 예고한다. 맥주를 마셔 태아의 몸집을 작게 유지하려는 캐서린의 시도는 산고를 암시하는 것이며, '세상이 나를 망가뜨렸다'는 그녀의 주장은 헨리가 선량한 사람들과 온순한 사람들의 죽음을 두려워하는 대목과 상응한다. 이처럼 치밀한 구성으로 인해 독자들은 캐서린과 헨리가 가정생활에 대해 느끼는 만족감과 상대적 낙관 위로 어두운 장막이 드리워질 것이란 사실을 예상하게 된다. 캐서린의 죽음이 임박하면서 헨리는 아주 무미건조하고 꾸밈없는 말투로 상황을 전달한다.

"캐서린은 계속 피를 흘린 듯하다. 그들은 출혈을 막을 수 없었다. 나는 병실로 들어가 캐서린이 죽을 때까지 곁에 있었다."

비록 헤밍웨이는 '빙산의 일각'만 보여주지만, 독자는

외면의 기저까지 뻗어 있는 헤아릴 수 없는 깊은 슬픔을 느끼게 된다. 이처럼 아주 적게 쓰면서도 그토록 많은 것을 이끌어내는 능력이 헤밍웨이의 글이 지닌 힘의 원천이다.

비록 소설은 비극으로 끝을 맺지만, 캐서린의 죽음은 헨리에게 아무런 통찰력을 주지 못한다. 그녀의 죽음은 대단한 변화나 새로운 각성의 촉매제가 아니다. 진정한 깨달음은 이 소설의 가장 큰 주제, 즉 사랑과 전쟁 모두 결국 보상 없는 상실로 이어진다는 사실을 확인시켜줄 뿐이다.

소설의 끝을 장식하는 비바람은 독자들에게 비에 대한 캐서린의 두려움을 상기시킨다. 19장에서 세상에는 정체불명의 악의(惡意)가 있다는 캐서린의 말처럼 병원을 나설 때 헨리의 몸 위로 퍼붓는 비는 파괴적 힘—사람이 힘을 쓸 수 없고, 말을 할 수 없고, 희망을 가질 수 없게 만드는 힘—을 상징한다. 작품은 이 같은 결말을 통해 헨리가 얻었을지 모를 통찰력, 그에게 좀더 밝은 미래상을 주었을지 모를 생각들이나 위안을 줄 수도 있었을지 모를 말들이 전부 거짓이거나 불가능할 것이라고 암시하는 듯하다. 리날디의 자유분방한 생활, 헨리의 음주, 사랑에 대한 캐서린의 갈망 같은 영역에 속하는 것들은 세상의 삭막한 힘들로부터 벗어나 쉴 수 있는 은신처를 제공하지만, 작품의 결말에서 가슴 저미도록 분명히 드러나듯 언제나 덧없는 것일 수밖에 없다.

Important Quotations Explained

다음은 주요 인용구 해설입니다.

1. "자, 됐네요. 이제 당신은 겉과 속이 모두 깨끗해졌어요. 말해 보세요. 이제껏 몇 명이나 사랑했었죠?"

    "아무도 사랑하지 않았어."

    "저조차도요?"

    "아니, 당신 빼고."

    "다른 여자들은 정말로 몇 명이나 사랑했었나요?"

    "없었어."

    "그럼 몇 명하고, 뭐랄까, 같이 지냈죠?"

    "없다니까."

    "거짓말."

    "정말이야."

    "괜찮아요. 계속 거짓말을 하세요. 저도 당신이 그러길 바라니까요. 그 여자들, 예뻤나요?"

    — 16장. 헨리가 밀라노 소재 미국 병원으로 이송된 이후, 두 사람의 관계는 열정적으로 변한다. 처음에 전쟁의 아픔과 개인적인 슬픔을 덜기 위해 시작된 그 관계는 여전히 삶의 역경들을 잠시 잊으려는 아주 현실적인 목적을 만족시킨다. 이 대목이 잘 보여주듯 그들의 사랑 게임은 불편한 상황—수술 준비를 위해 캐서린이 헨리를 관장시켜주는 과정—을 잠시 잊기 위한 것이다. 사실 헤밍웨이는 "자, 됐네요. 이제

당신은 겉과 속이 모두 깨끗해졌어요"라는 말을 통해 그 과정의 세세한 부분들은 모두 생략해 버린다. 그러나 이 시점에서는 비록 캐서린이 거짓말이라고 시인해도 게임은 복잡한 양상으로 접어들고 있다. 독자는 헨리가 얼마나 진실한 감정으로 사랑을 공언하는 것인지, 그리고 다른 여자들과의 잠자리에 대한 언급이 얼마나 정직한 것인지 확신할 수 없다. 이 대화는 캐서린과 헨리 사이에 싹트는 관계 속에 내재된 환상의 중요성을 입증한다.

2. **나는 이제껏 신성한 것은 본 적이 없었고, 영광스러운 것들에는 영광이 없었으며, 희생은 고깃덩이를 묻는다는 점만 빼면 시카고에 있는 도살장이나 같았다. 도저히 참고 들어줄 수 없는 말들이 많아지면서 결국 장소들의 이름만이 위엄을 가졌다. 특정한 숫자들도 마찬가지이며 특정한 날짜와 날짜가 붙은 장소들의 이름 같은 것들만이 말할 수 있는 모든 것이었고 어떤 의미를 갖게 하는 것들이었다. 영광, 명예, 용기, 또는 신성함 따위의 추상적인 단어들은 구체적인 마을 이름, 도로 번호, 하천 이름, 연대의 번호나 날짜 등과 비교하면 추하다.**

— 27장. 페허가 된 바인시차에 도착한 헨리가 애국심 넘치는 청년 장교 지노와 나누는 대화에서 전쟁에 내해 품고 있는 양면적 감정이 확인된다. 지노는 조국의 신성함과 조국을 위해서라면 기꺼이 목숨도 바치겠다는 결의를 떠벌리지만, 헨리에게는 명예, 영광, 희생 같은 추상적 개념들은 주위에서 목격하는 믿을 수 없을 만큼 참혹한 파괴를 설명하거나 정당화하기에는 부족한 것들이다. 헨리가 중요하다고 판단하는 것은 마을과 병사들의 이름, 무너진 담장들과 즐비한 시체 같은 구체적 사실들이다. 전쟁에 대해 진실하게 논의하기 위해서는 인위적인 개념들을 버리고 전쟁의 현실에 기초한 말들을 다뤄야 한다고 믿는 것이다. 그 결과, 전쟁에서 야

기되는 인간 생명의 '희생들'을 가축 도살과 동등시함으로써 전쟁 영웅이라는 낭만화된 이상에 흠집을 내고, 더 나아가 명예와 영광에 대한 낭만적인 이야기들을 '고깃덩이'를 땅에 매장하는 일에 비유한다. 그처럼 의미 없는 개념으로는 아무것도 지속되거나 양성될 수 없다는 생각인 것.

3. **피혁공장 앞을 지나 간선도로로 나오자, 병사들, 트럭, 말이 끄는 짐수레와 대포들이 넓은 종대를 이루고 느릿느릿 움직이고 있었다. 우리는 느리지만 쉬지 않고 빗속을 나아갔는데 우리 차의 라디에이터 덮개가 높다랗게 짐을 실은 어떤 트럭의 후미 판자에 닿을락말락할 정도였으며, 그 짐은 비에 젖은 포장으로 덮여 있었다. 그 트럭이 섰다. 그러자 대열 전체가 섰다. 대열은 다시 움직이기 시작했고 우리는 아주 조금 나아가다가 또 섰다. 나는 차에서 내려 트럭들과 짐수레들과 비에 젖은 말들의 목 밑을 지나 앞쪽으로 걸어갔다.**

— 28장. 이탈리아군의 퇴각을 묘사하기 시작하는 이 부분은 헤밍웨이의 특징적인 문체, 즉 힘차고 서술적인 문장들, 예리한 세부 묘사, 그리고 묘사되는 물리적·심리적 움직임을 강조하는 리듬감 등이 잘 나타나 있다. 여기서는 엄청난 규모의 퇴각 행렬과 더딘 이동 속도를 실감나게 묘사한 기다란 첫 두 문장에 이어 움직임을 정확히 그린 짧은 문장들이 그 리듬감을 중단시킨다. "그 트럭이 섰다. 그러자 대열 전체가 섰다"에서 '섰다(stopped)'의 반복으로 독자를 안타깝게 하듯이, 뒤이어지는 "대열은 다시 움직이기 시작했고 우리는 아주 조금 나아가다가 또 섰다"도 가다 서다를 반복하는 군대 행렬의 움직임을 실감나게 표현하면서 독자의 가슴을 졸이게 한다.

4. **그러나 우리는 함께 있으면 결코 외롭지 않았으며 결코 두렵지 않**

았다. 나는 밤이 낮과 같지 않다는 것, 즉 모든 것이 다르다는 것, 밤에 일어난 일은 낮에는 존재하지 않기 때문에 설명될 수 없다는 것, 그리고 고독한 사람들에게는 일단 고독이 시작되면 밤은 끔찍한 시간이 될 수도 있다는 것을 알고 있다. 그러나 캐서린과 함께 있으면 훨씬 더 좋다는 점 이외에 밤에는 거의 차이가 없었다. 사람들이 이 세상에 너무 많은 용기를 가져온다면, 세상은 그들을 꺾기 위해 죽일 수밖에 없고, 그래서 세상이 그들을 죽이는 것은 당연하다. 세상은 모든 사람을 꺾고 이후에 그 꺾인 장소들에서는 많은 사람들이 강하다. 그러나 꺾이지 않으려는 사람은 이 세상이 죽인다. 세상은 선한 사람들, 아주 점잖은 사람들, 아주 용감한 사람들을 무차별적으로 죽인다. 만약 당신이 그 어느 편에 속하지 않더라도 세상이 당신을 죽일 것은 확실하지만, 각별히 서두르지는 않을 것이다.

— 34장. 헨리가 스트레사에서 캐서린과 재회한 후 침대에 누워 생각하는 장면인데, 두 사람이 빠져나갈 수 없는 암울한 운명을 예고한다. 처음 생각은 캐서린으로 인해 외로움이 덜어진다는 쪽에 초점을 맞춰 긍정적으로 시작된다. 즉 다른 사람들과 있을 때 느끼는 짙은 두려움과 외로움을 캐서린과 함께라면 극복할 수 있다는 그들 관계의 중요한 측면을 강조하는 것. 그러나 이처럼 기쁨에 충만한 생각은 당혹스럽게도 세상이 선한 사람들, 아주 점잖은 사람들, 아주 용감한 사람들—헨리가 캐서린을 묘사하기 위해 사용했거나 앞으로 사용할 표현들—을 죽이게 설계되어 있다고 주장하는 암울한 철학으로 전환된다. 여기서 헨리의 생각이 아무 이유 없이 만족감에서 비관주의로 미끄러지는 것은 사랑 같은 긍정적인 힘들도 인생의 엄연한 현실을 반드시 무력화시킬 수는 없다는 사실을 반영한다. 사실상, 이 시점부터 헨리와 캐서린은 그들에게 해를 입히려는 의도로 아주 빨리 뒤쫓아 오는 어떤 힘으로부터 도망치는 것 같다.

5. 가엾고, 가여운 내 사랑 캣. 그리고 이것이 우리가 함께 지낸 탓으로 당신이 치러야 하는 대가였어. 이것이 함정의 결말이었지. 이것이 사람들이 서로 사랑했다는 이유로 얻는 것이었어. 어쨌든 하느님, 가스를 주셔서 정말 감사합니다. 마취제가 나오기 전에는 어땠을까?

— 41장. 헨리가 산고를 겪고 있는 캐서린의 모습을 지켜보는 대목. 이 소설에는 헨리가 하늘에 대고 감자를 먹이며 세상을 저주하는 것과 마찬가지인 독백이 수차례 등장하는데, 위의 인용구는 두 가지 이유에서 중요한 의미가 있다. 첫째, 때때로 남녀 관계를 문제 있게 다루는 헤밍웨이의 방식을 설명하는 데 사용될 수 있다. 헤밍웨이는 여성을 냉정하고 도도하거나 혹은 지나치게 사랑스럽고 고분고분한 모습으로 그리는 경향이 있다. 일부 독자들은 캐서린이 두 번째 부류에 속한다고 불평한다. 헤밍웨이 작품들 속의 남자들 사이에서는 결코 환영받지 못하는 헨리의 깊은 상실감과 무력감은 다소 전형적인 이 진술들의 이면에 내재된 동기의 하나가 여성들은 태생적으로 '남자답지 못한' 무기력성을 갖고 있다는 믿음일지 모른다는 점을 암시한다.

두 번째 이유는 "어쨌든 하느님, 가스를 주셔서 정말 감사합니다"라는 말에서 찾을 수 있다. 전반적으로 등장인물들은 무엇이 되었든 세상의 고통으로부터 자신을 방어할 수 있는 수단을 찾으려고 든다. 리날디는 섹스, 신부는 하느님, 캐서린과 헨리는 사랑, 그리고 다른 사람들은 거의 모두 술에서 위안을 얻는다. 이런 것들은 결국에는 정복할 수 없는 고통을 임시로 완화시키는 일종의 마취제 같은 작용을 한다.

제목: 무기여 잘 있거라 A Farewell to Arms

작가: 어니스트 헤밍웨이 Ernest Hemingway

작품의 종류: 소설

장르: 전쟁 소설

언어: 영어

집필 시기와 장소: 1926-28년 사이, 미국과 해외

초판 발행: 1929년

출판사: 찰스 스크리브너스 선스 Charles Scribner's Sons

화자: 프레드릭 헨리 중위

관점: 헨리가 1인칭으로 이야기를 풀어가지만, 때때로 좀더 철학적인 생각에 잠길 때는 2인칭으로 변환된다. 헨리는 자신이 보고 행동하는 것, 그리고 다른 사람들에 대해서는 직접 경험을 통해 알 수 있었던 것만 이야기한다.

어조: 작품의 자전적 성격에서 암시하듯, 헤밍웨이의 분명한 태도는 화자인 헨리의 태도와 같다.

시제: 과거형

배경(시간): 제1차 세계대전이 한창이던 1916-18년

배경(장소): 이탈리아와 스위스

주인공: 프레드릭 헨리

주된 갈등: 명확하게 드러나는 갈등은 없지만, 캐서린에 대한 사랑이 헨리의 타고난 역동성을 누그러뜨리지 못할 때 마찰

이 일어난다.

상승: 헨리와 캐서린의 유혹 게임이 서로에 대한 사랑을 준비하고 이따금 예고한다. 헨리가 다시 전선으로 돌아가기 전에 함께 지내는 며칠은 '사랑의 욕구' vs. '캐서린과의 관계 밖에서의 헨리의 삶'에 초점이 맞춰져 있다.

클라이맥스: 넓게 말하면 이탈리아군의 퇴각이지만, 좀더 명확하게는 헨리가 헌병들에게 붙들려 처형될 뻔한 순간.

하강(下降. 클라이맥스 다음 이야기): 탈영과 군대 생활 청산 결정은 무기에 작별을 고하고 캐서린에게 전념하는 계기가 된다.

주제: 전쟁이라는 냉혹한 현실, 사랑과 고통의 관계

모티프: 남성다움; 게임과 오락; 충성 vs. 유기(遺棄); 착각과 환상

상징: 헤밍웨이는 하나의 대상을 어떤 고매한 추상적 관념과 교묘히 동일시하는 상징은 피하면서도, 종종 여러 의미를 내포한 매우 강렬한 인상을 남기는 표현들을 많이 제시한다. 캐서린에게 겁을 주고 소설의 마지막 장면에서 헨리가 걸어 들어 가는 비, 헨리가 묘사하는 캐서린의 머리카락

전조: 캐서린이 끔찍한 일들이 일어날 것을 확신하는 장면과 밤에 비가 내리자 비가 두렵다고 말하는 장면; 캐서린의 골반이 좁다고 의사가 경고하는 장면; 세상이 선한 사람들, 아주 점잖은 사람들, 아주 용감한 사람들을 죽인다고 헨리가 생각하는 장면

다음 질문에 대해 간단히 서술하시오.(—부분은 참고만 할 것)

1. 〈무기여 잘 있거라〉는 이제까지 씌어진 가장 유명한 전쟁 소설 가운데 하나로 손꼽히지만, 많은 여타 소설들과 달리 전쟁 경험을 찬양하거나 전통적으로 받아들여지는 영웅의 초상들을 제시하지도 않는다. 그렇다면 이 작품은 전쟁에 대해 어떤 입장을 취하는가? 이 작품을 반전(反戰) 소설이라고 칭해도 될까?

— 제목이 암시하듯 여러 면에서 반전 소설의 성격을 갖고 있으나 평화주의나 반전운동 실천을 위한 문학과 연결 짓는 것은 적절치 않다. 이 소설의 가치 체계상 폭력이 반드시 그른 것은 아니다. 헨리와 보넬로는 공병 하사관을 사살하고도 죄책감을 느끼지 않고, 헨리가 캐서린에게 만약 자신을 체포하기 위해 헌병들이 들이닥치면 죽이겠다고 말할 때 독자는 그 말이 거짓이 아니라고 믿는다. 뿐만 아니라 이 소설은 규율, 능력, 남성다움을 미화하고, 전쟁을 그 같은 특성들이 끊임없이 발휘되는 장으로 묘사한다.

그럼에도 불구하고 이 작품은 무분별한 폭력, 무차별적인 파괴, 전쟁의 몰지각성에는 반대하고, 개인과 대중에게 심리적 피해를 가하고 생존자들의 삶을 참혹하게 뒤집어엎는 전쟁을 비판하면서 그 같은 전쟁의 참상을 마주 접하면, 승리나 패배 같은 용어들은 의미 없는 것이라고 단정한다. 전장에서 발휘되는 용기를 찬양하는 많은 여타 소설들과는 달리, 〈무기여 잘 있거라〉는 끔찍하면서도 제1차 세계대전 당시에는 '새로운' 부류의 전쟁을 사실적으로 묘사하려고 시도했다. 이전까지만 해도 인간은 그처럼 대량 살상과 초토화가 가능한 기계와 화력을 동원해 싸운 적이 없었던 것. 그럼에도 이 소설의 목적은 전쟁을 반대하거나 평화를 조장하기 위한 것은 아니고, 그 같은 대립이 가능한 세상의 적대감과 폭력성을 묘사하기 위한 것일 뿐이다.

2. **등장인물들이 전쟁으로 황폐해진 세상으로부터 위안을 구하기 위해 추구하는 다양한 방식에 대해 논하라. 결국 이 소설이 그 같은 위안에 대해 암시하는 것은?**

— 소설이 시작되면 거의 모든 등장인물들은 개인적인 고통을 더는 데 보탬이 되는 습관에 의지하는 모습을 보인다. 약혼자를 잃고 슬픔에 잠겨 있던 캐서린은 그 슬픔을 잠시 잊기 위해 헨리와 유혹 게임을 즐긴다. 리날디는 여자들의 위안 속으로 숨어들고, 신부는 전쟁의 고통과 장교들의 거친 조롱을 마음속에서 덜어내기 위해 하느님에 대한 믿음을 이용한다. 그리고 거의 모든 등장인물들은 전쟁이 육체와 정신 모두에 퍼붓는 일상적인 공격을 무력화시키기 위해 술에 크게 의존한다.

그 중에서도 가장 매력적인 위안거리가 사랑인데, 헤밍웨이는 등장인물들에게 안정감을 주는 사랑의 힘에 대해 탐구하고 있다. 만나자마자 마치 연애소설에서 훔쳐온 듯한 말을 주고받으며 상투적인 방식의 구애를 모방하는 헨리와 캐서린은 마음속에서 전쟁을 떨쳐버리기 위해 그 같은 행동을 한다고 시인한다. 이후 그들은 사랑이 더 강렬해지고 진실해져도 여전히 사랑을 일종의 보호막처럼 취급한다. 그 결과, 헨리는 군대를 버리고 안전하다고 생각되는 중립국 스위스에서 살게 된다.

그러나 궁극적으로 아무것도 영원한 보호를 제공하지 못한다. 헨리는 리날디의 가치관이 지닌 타락성을 곰곰이 생각하면서 매독에 걸렸다고 의심하고, 하느님에 관한 신부의 철학은 고매한 추상적 개념들이 공허하다는 헨리의 믿음에 의해 깎아내려지며, 사랑에 모든 것을 걸었던 캐서린은 결국 아기를 낳다가 죽고 마는 것. 이처럼 이 작품은 등장인물들이 세상의 엄혹한 상황으로부터 벗어나 위안을 얻기 위해 그 어디에 의지하든 위안과 보호의 욕구는 결코 채워질 수 없다는 점을 암시하고 있다.

3. 화자로서의 프레드릭 헨리에 대해 논하라. 헨리가 한 명의 등장인물로서 오랜 세월이 흐른 후 자신의 이야기를 글로 쓰고 있다면, 어떤 식으로 극도의 긴박감을 전달할 수 있을까?

— 방금 일어난 일을 표현하고 있는 듯한 즉시성은 이 소설의 가장 두드러진 특징이며, 헤밍웨이는 간결하면서도 교묘한 실행 기법으로 그것을 구현한다. 즉 화자 헨리가 자신의 인식과 기억에 따라 사건들을 묘사하도록 허용하는 것이다. 따라서 이 소설은 결코 1인칭 화자인 헨리의 우월한 위치를 벗어나 전개되지 않고, 심지어 대규모 퇴각을 묘사하는 대목처럼 전쟁과 파괴된 이탈리아 시골의 전경(全景)들까지도 헨리의 눈을 통해 걸러지면서 독자는 헨리의 눈에 들어오는 것만 보게 된다. 헤밍웨이는 어디든 존재하면서 모르는 것이 없는 목소리의 객관적인 서술은 제공하지 않기 때문에 오로지 헨리의 경험만을 이용해서 전쟁의 무질서와 혼돈, 잔인성을 표현해야 한다. 따라서 이 경험들을 아주 절묘하게 선별해야 세계 역사상 가장 참혹한 시대의 하나였던 제1차 세계대전의 처절함을 전달할 수 있다. 이를테면, 헨리가 명령에 불복하고 달아나는 공병 하사관에게 총을 쏘는 장면에서는 그에게 그런 식의 행동을 할 수 있도록 만든 세상의 암울한 현실을 엿보게 하는 것이다.

게다가 다른 관점들의 부재도 이야기의 즉시성에 기여한

다. 마치 자신 이외에는 생각할 수 없을 만큼 끊임없이 순간
에 너무 몰입하는 듯한 헨리는 결코 다른 인물들의 인식이
나 감정을 상상하지 않는다. 예를 들면, 캐서린이 생각하는
것이나 그녀가 말하는 것 이외에 달리 생각하고 있는 것을
추정하지 않고, 기자처럼 자신이 보고 듣는 것을 단순히 전
달할 뿐이다. 이 같은 기법으로 인해 독자는 헨리가 상술하
는 사건들을 그의 경험과 해석에 따라 읽을 수밖에 없는 것
이다.

4. 〈무기여 잘 있거라〉는 전쟁 소설일 뿐만 아니라 연애 소설이다. 이
    작품에서 사랑의 역할에 대해 논하라. 사랑은 전쟁에 대한 등장인
    물들의 생각에 어떤 영향을 주는가? 전쟁은 등장인물들의 사랑 이
    야기를 어떤 식으로 전개되도록 만드는가?

5. 스콧 피츠제럴드는 〈무기여 잘 있거라〉에서 캐서린이 개연성이 약
    한 인물이라고 지적했다. 캐서린의 가치관과 행동 동기들, 그리고
    헤밍웨이가 그녀를 묘사하는 방식에 주목할 때, 여러분은 피츠제럴
    드의 의견에 동의하는가? 만약 동의 또는 반대한다면 그 이유는?

6. 〈무기여 잘 있거라〉에서 전조는 어떤 역할을 하는가? 캐서린이 아
    이를 낳다가 죽을 것이라는 헤밍웨이의 미세한 신호는 독자가 소설
    의 결말에 접근하는 방식을 어떻게 변화시키는가?

7. 비평가들은 헤밍웨이의 소설이 특정한 유형의 남성다움을 찬양한
    다고 주장한다. 〈무기여 잘 있거라〉에서 찬양하는 남성은 어떤 유
    형이고, 헤밍웨이는 어떤 방식으로 그 효과를 거두는가?

다음 질문에 알맞은 답을 고르시오.

1. 소설 도입부에서 헨리는 무엇 때문에 7천 명의 군인들이 죽었다고 이야기하는가?

   A. 성병

   B. 최근에 있었던 적의 공격

   C. 콜레라

   D. 기근

2. 헨리가 캐서린에게 첫 키스를 하기 직전, 두 사람이 약속한 것은?

   A. 그들의 관계를 리날디와 퍼거슨에게 비밀에 부치기로

   B. 전쟁에 관한 얘기는 일체 하지 않기로

   C. 항상 서로를 사랑하기로

   D. 앞으로 있을 전투에 용감하게 대처하기로

3. 작가는 '쓰고 있는 것에 대해 충분히 알고 있다면 알고 있는 것들은 생략할 수 있으며, 만약 그 작가가 정말로 진실하게 글을 쓰고 있다면 독자들은 마치 그 사물들에 대해 작가가 언급했던 것처럼 강렬한 느낌을 받게 될 것'이라는 헤밍웨이의 유명한 철학을 가장 잘 묘사한 용어는 무엇인가?

   A. 빙산 이론

   B. 신빙성 없는 화법

   C. 장막 이론

   D. 객관적 상관어

4. 파블라 전선으로 떠나는 헨리에게 캐서린이 건넨 것은?

A. 그녀의 약혼자가 갖고 있었던 장난감 말채찍

B. 그라파 술 한 병

C. 연애편지

D. 성 안토니 메달

5. **헨리가 박격포에 맞아 부상을 입기 전, 참호를 떠난 이유는?**

A. 참호 밖에서 꼼짝 못하고 있는 구급차 운전병을 구하기 위해

B. 부하 운전병들에게 먹을 것을 구해다 주려고

C. 부하들에게 용맹성을 증명해 보이기 위해

D. 부대를 탈영하려다 마음이 바뀌어

6. **헨리가 밀라노의 미국 병원으로 이송되었을 때, 워커 여사의 반응은?**

A. 외국 군대를 위해 미국 젊은이들이 싸운다는 사실에 화가 난다고 말한다.

B. 의사의 지시 없이 병실을 배정해 줄 수 없기 때문에 당황한다.

C. 헨리에게 힘든 기차 여행을 했다며 안쓰러워한다.

D. 헨리의 체온을 잰다.

7. **면도를 해주러 방문한 이발사가 헨리를 죽이려고 생각한 이유는?**

A. 종전을 너무 간절히 바란 나머지 장교를 한 명이라도 죽이면 그 소망이 빨리 이루어질 것이라고 믿기 때문에

B. 헨리를 오스트리아군 장교로 오해했기 때문에

C. 미친 사람이기 때문에

D. 헨리가 전쟁에서 죽은 아들과 닮았기 때문에

8. **헨리의 다리 수술을 집도한 의사는?**

A. 고리치아 박사

B. 인플루엔자 박사

C. 파블라 박사

D. 발렌티니 박사

9. 캐서린이 조작되었다고 믿는 경마 경기에서 특정 말에 돈을 거는 이유는?

A. 절뚝거리며 걸어서

B. 털이 염색되어서

C. 다른 말들에 비해 어리기 때문에

D. 최고의 기수가 몰기 때문에

10. 헨리가 3주 요양 휴가를 받았다는 소식을 듣고 캐서린이 보이는 반응은?

A. 임신 사실을 알린다.

B. 다시는 그를 보고 싶지 않다며 소리를 지른다.

C. 헨리가 다시 전쟁터로 돌아가면 죽을지도 모른다는 두려움에 흐느껴 운다.

D. 헨리를 유혹해서 사랑을 나눈다.

11. 에토레 모레티는 헨리 중위와 어떤 면에서 크게 대비되는가?

A. 에토레는 노래를 할 줄 안다.

B. 에토레는 미국인이다.

C. 에토레는 자화자찬이 심하다.

D. 에토레는 알코올 중독자다.

12. 아이모의 차에 탑승했던 공병 하사관들이 진흙에 빠진 차를 끌어내는 일을 돕지 않고 달아나자 헨리가 취하는 조치는?

A. 어깨를 으쓱하며 보내준다.

B. 보넬로와 아이모에게 구타를 명한다.

C. 총을 쏜다.

D. 겁쟁이를 주제로 일장 연설을 한다.

13. 헨리가 전선으로 떠나기 위해 기차역으로 가다가 캐서린과 함께 잠시 들렀던 곳은?

A. 오페라 공연장

B. 총기 상점

C. 성당

D. 그들이 만났던 장소

14. 〈무기여 잘 있거라〉가 출간된 해는?

A. 1929년

B. 1918년

C. 1939년

D. 1953년

15. 야전 헌병들이 헨리를 붙잡은 이유는?

A. 반역죄를 저질렀기 때문에

B. 장교이기 때문에

C. 아이모를 죽인 용의자이기 때문에

D. 농장에 무단 침입했기 때문에

16. 강에서 뭍으로 오른 헨리는 어떤 부상을 입는가?

A. 아군의 사격에 총상을 입는다.

B. 캄포르미오의 대평원을 건너다가 철조망에 긁힌다.

C. 기차에 올라 몸을 숨기려다 머리가 찢긴다.

D. 바위가 많은 강둑에서 넘어진다.

17. 밀라노에서 헨리에게 양복을 빌려준 사람은?

A. 바텐더

B. 랠프 시몬스

C. 리날디

D. 어떤 농부

18. 스트레사에서 헨리를 보는 순간 헬렌 퍼거슨의 반응은?

A. 헨리가 약속을 지켜 캐서린에게 돌아왔다며 반긴다.

B. 오랫동안 헨리와 사랑에 빠져 있는 캐서린을 시기한다.

C. 캐서린을 유혹하고 임신까지 시켜 친구의 인생을 복잡하게 했다
며 화를 낸다.

D. 자신의 문제 때문에 헨리의 귀환에 대해 신경 쓸 여지가 없다.

19. 스위스의 국경 경비병들이 헨리와 캐서린 앞에서 옥신각신한 이유는?

A. 겨울 스포츠를 만끽할 수 있는 최적의 도시가 어디인지를 놓고
의견이 다르다.

B. 둘은 형제인데, 항상 싸운다.

C. 외국인 방문자들의 처리 방안을 놓고 생각이 다르다.

D. 헨리와 캐서린의 송환 문제에 대해 결정을 내리지 못하고 있다.

20. 캐서린과 헨리가 경비병들에게 주장하는 스위스의 목적지는?

A. 루체른

B. 뮈렌

C. 로카르노

D. 몽트뢰

21. 나중에 헤밍웨이는 힘, 지혜, 전문적 식견 등의 느낌을 전달하기 위
해 이름 앞에 어떤 별명을 붙였는가?

A. 센세(Sensei)

B. 탑 캣(Top Cat)

C. 파파(Papa)

D. 빅 카후나(Big Kahuna)

22. 캐서린이 헨리에게 턱수염을 길러 보라고 제안하는 이유는?

A. 헨리의 기분전환을 위해

B. 수개월을 함께 지내자 매력이 떨어져서

C. 헌병들이 들이닥칠 경우에 알아보지 못하도록 변장을 위해

D. 턱수염을 기르면 자신에게 맞는 사회 계층에 속할 수 있기 때문에

23. 캐서린은 죽기 전에 세상이 자기에게 무슨 짓을 했다고 말하는가?

A. 실망시켰다.

B. 애초에 세상에 태어나지 말았어야 한다고 후회하게 만들었다.

C. 진실한 사랑을 소중히 여기도록 만들었다.

D. 망가뜨렸다.

24. 캐서린은 헨리와 정식으로 결혼한 후에 가기를 꿈꾸는 곳은?

A. 나이아가라 폭포

B. 파리

C. 바르셀로나

D. 로스앤젤레스

25. 헨리가 아기의 죽음에 대해 보인 반응은?

A. 기쁨의 눈물을 흘린다.

B. 병원 직원들에게 시가를 선물로 돌린다.

C. 아무런 관심을 보이지 않는다.

D. 술을 마시러 밖으로 나간다.

정답 |

1. C   2. B   3. A   4. D   5. B   6. B   7. B   8. D   9. B   10. A

11. C   12. C   13. B   14. A   15. B   16. C   17. B   18. C   19. A   20. C

21. C   22. A   23. D   24. A   25. C